Psychotherapie im Alter

Forum für Psychotherapie, Psychiatrie, Psychosomatik und Beratung

Herausgegeben von
Peter Bäurle, Münsterlingen; Johannes Kipp, Kassel; Meinolf Peters, Marburg/Bad Hersfeld; Hartmut Radebold, Kassel; Angelika Trilling, Kassel; Henning Wormstall, Schaffhausen/Tübingen

Psychosozial-Verlag

PSV

Impressum

Psychotherapie im Alter
Forum für Psychiatrie, Psychotherapie, Psychosomatik und Beratung

ISSN 1613-2637
3. Jahrgang, Nr. 11, 2006, Heft 4

ViSdP: Die Herausgeber; bei namentlich gekennzeichneten Beiträgen die Autoren. Namentlich gekennzeichnete Beiträge stellen nicht in jedem Fall eine Meinungsäußerung der Herausgeber, der Redaktion oder des Verlages dar.

Erscheinen: Vierteljährlich

Hg: Dr. Peter Bäurle, Dr. Johannes Kipp, Dr. Meinolf Peters, Prof. Dr. Hartmut Radebold, Dipl.-Päd. Angelika Trilling, PD Dr. Henning Wormstall

Die Herausgeber freuen sich auf die Einsendung Ihrer Fachbeiträge! Bitte wenden Sie sich an die Schriftleitung:

Dr. Johannes Kipp, Esther Buck
Ludwig Noll Krankenhaus, Klinik für Psychiatrie und Psychotherapie
Klinikum Kassel
Dennhäuser Straße 156, 34134 Kassel
Tel. 0561/48 04-0
Fax 0561/48 04-402
E-Mail: psychalter@yahoo.de

Redaktionelle Unterstützung
Karola Wehmeier

Übersetzungen
Keri Shewring

Umschlagabbildung
»Das ideale Paar«, siehe S. 107

Abonnentenbetreuung,
Psychosozial-Verlag
E-Mail:
bestellung@psychosozial-verlag.de
www.psychosozial-verlag.de

Bezug
Jahresabo 49,90 Euro · 85,50 SFr (zzgl. Versand)
Einzelheft 14,90 Euro · 26,80 SFr (zzgl. Versand)
Studierende erhalten gegen Nachweis 25% Rabatt.
Das Abonnement verlängert sich um jeweils ein Jahr, sofern nicht eine Abbestellung bis zum 15. November erfolgt.

Die Herausgabe der Zeitschrift wird dankenswerterweise durch die **Robert-Bosch-Stiftung** gefördert.
Die Herausgeber danken auch für die Unterstützung durch die **Arbeitsgruppe Psychoanalyse und Altern, Kassel.**

PiA Heft 4/2006
Paardynamik und Paartherapie

Editorial

Übersicht

Falldarstellungen

Praxis und Projektbericht

Eine Institution stellt sich vor

Zum Titelbild

Besprechungen

Editorial

Augen-Blicke

Als ich kürzlich in Berlin im neuen Regierungsviertel stand und an der Spree in unmittelbarer Nähe des Reichstags die neue Architektur auf mich wirken ließ, wurde ich von einer unerwarteten Wahrnehmungsdimension überrascht: Ich sah diesen Ort in seiner aktuellen Wirklichkeit, und gleichzeitig sah ich ihn vor meinem inneren Auge, so wie ich ihn in den 70er und 80er Jahren wahrgenommen hatte: als Niemandsland, als Leere, als Todesstreifen mit Holzkreuzen an der Mauer zur Erinnerung an die Menschen, die bei Fluchtversuchen über die damalige innerdeutsche Grenze ums Leben gekommen waren. Meine aktuelle Wahrnehmung dieses Ortes gewann durch die Verbindung mit den inneren Bildern eine neue Reichhaltigkeit und Tiefe, so als hätte die Zeit als vierte Dimension das Bild mit komponiert. Während ich diese Bildkomposition auf mich wirken ließ, fiel mir plötzlich ein, dass wohl ein ähnlicher Mechanismus im Spiel ist, wenn ältere bzw. alte Paare in ihrem Partner nicht nur das aktuelle Bild, sondern gleichzeitig auch andere Bilder aus der gemeinsamen Beziehungsgeschichte sehen. Dadurch wird im »gestaltenden« Blick auf den langjährigen Partner weitaus mehr gesehen, als es ein unbeteiligter Dritter könnte.

Einem solchen gestaltenden Blick begegnen wir beispielsweise in Martin Walsers Roman »Der Augenblick der Liebe«. Es ist der Blick des über 60-jährigen Privatgelehrten Gottlieb Zürn, der seit Jahrzehnten mit Anna verheiratet ist und eine Außenbeziehung zu der fast 40 Jahre jüngeren Doktorandin Beate eingeht. Im Verlauf der Geschichte folgt Gottlieb Zürn Beates Einladung zu einer Fachtagung in die USA und lässt die Leser teilhaben an seinen Gedanken:

»Beim ersten Frühstück (mit Beate) im Hotel Durant, das sie, um nicht gesehen zu werden, auf sein Zimmer kommen ließen, hatte sie, als er sie anschaute, gesagt: I can read your mind. Darauf hatte er tatsächlich mehr als einen Augenblick lang nicht mehr gewusst, was er denken sollte. Wenn wenigstens die Augen so angebracht wären, dass man sich auch selber andauernd sähe, vor allem das eigene Gesicht, beim Sprechen, dann unterbliebe viel. Andererseits hat Rousseaus dreißig Jahre älterer barbou mit Recht die schlimmste Folter darin gesehen, sich selber so zu sehen, wie Sara ihn sieht. Und Anna mutet er sich zu. Noch und noch. So gut wie nie denkt er daran, dass er, wenn sie ihn anschaut, genau so alt ist, wie wenn Beate ihn anschaut. Laß mich gehen, hätte er jetzt am liebsten zu Beate gesagt« (S.194/5).

Wir haben hier eine besondere Facette eines Paares mit großem Altersunterschied vor uns, dargestellt aus Sicht des Älteren: Das Gesicht, der Hals, die Hände, der ganze Körper verliert an Anziehungskraft, seine Schönheit und Attraktivität, auch der autoerotische Reiz, nehmen im Alter ab, selbst viele Ältere gefallen sich immer weniger. Und sich mit den imaginierten Augen einer jüngeren Geliebten (oder eines jüngeren Geliebten) anzusehen, mag manch einer – so wie Gottlieb Zürn – als »schlimmste Folter« erleben.

Als er am Ende wieder bei Anna landet und sie anschaut, denkt er, »..., dass ein Gesicht, das man kennt seit es jung war, nie bloß alt werden kann. Das junge Gesicht schaut aus allen Jahren heraus. Gesichter, die man erst als ältere kennen lernt, sind dann wahrscheinlich nichts als ältere Gesichter. Anna, dachte er, ist und bleibt das Mädchen.« (S.213).

Die Fähigkeit in alten Ehen, immer noch die junge Gestalt des Partners zu sehen, bedeutet keine Abwertung des alten Körpers, sondern das Hinzutreten der Zeit als vierte Dimension, die wie eine weitere Tiefendimension wirkt: Der langjährige Ehepartner nimmt in der Regel seine Partnerin vielschichtiger und komplexer wahr als jeder andere Betrachter. Anders formuliert: »die innere Welt der Repräsentanzen unterliegt offenbar nicht der Korrosion der chronologischen Alterung« (Luft 2005, S.27).

Meine erste Begegnung mit der Paartherapie mit älteren Menschen liegt etwa 20 Jahre zurück, als ich die Anmeldung eines Paares erhielt, das sich drei Jahre zuvor über eine Kontaktanzeige kennen gelernt hatte. Sie war damals 72, er 74 Jahre alt, beide waren nach langjährigen Ehen verwitwet und in enorme Beziehungskonflikte geraten, nachdem er in ihr Haus eingezogen war, in dem sie auch mit ihrem ersten Mann gelebt hatte. Damals war ich Mitte 30 und erwartete dieses Paar, das sich altersmäßig etwa zwischen meinen eigenen Eltern und Großeltern befand, mit recht zwiespältigen Gedanken: Habe ich einem Paar, das über soviel mehr Lebenserfahrung verfügt, überhaupt etwas zu bieten? Werde ich dessen Normen und Werte verstehen können? Werde ich es überhaupt wagen, nach ihrer Sexualität zu fragen – wäre das nicht wie der heimliche Blick durchs Schlüsselloch ins Elternschlafzimmer? Ich bin nicht sicher, ob ich diesem Paar damals hilfreich sein konnte. Ich erinnere mich vor allem daran, wie schwer es beiden Personen fiel, die Marotten des jeweils anderen zu ertragen. Jedenfalls wurde durch diese Erfahrung mein Interesse an der Paartherapie mit älteren Paaren geweckt.

Erstaunlicherweise gelten Paarbeziehungen im Alter auch heute noch als ein vernachlässigtes Gebiet sowohl in der Altersforschung, in der Individuen im Mittelpunkt stehen, als auch in der Paartherapie, in der überwiegend mit jüngeren Paaren gearbeitet wird. Allerdings berichten Paartherapeuten, die selbst über 50 Jahre alt sind, dass die Anzahl älterer Paare in ihrer Praxis mit dem eigenen Alter zunimmt. Vorausgesetzt Therapeuten interessieren bzw. spezialisieren sich für den Altersbereich, sind derzeit offenbar bis zu einem Drittel des Klientels einer paartherapeutischen Praxis über 60 Jahre alt. Trotzdem bleibt die Literatur über ältere Paare vorerst spärlich. Es handelt sich um ein Gebiet, in dem noch vieles zu entdecken ist und auf dem die dort Tätigen immer noch als Pioniere gelten können. Obwohl viele Fragen noch offen sind, ist allerdings bekannt, dass die Qualität der Paarbeziehung mit seelischer Gesundheit zu tun hat und dass gerade bei älteren Paaren die Paarbeziehung besonders wichtig wird, nachdem die Familien- und Berufsphase in den Hintergrund getreten sind.

Der Bedarf nach Psychotherapie steigt, auch der Bedarf nach Paartherapie im Alter. Hierfür gibt es mehrere Gründe, von denen an dieser Stelle die höhere Lebenserwartung hervorgehoben sei: Die Zahl älterer Ehepaare hat im letzten Jahrzehnt deutlich zugenommen; die Chance, als Paar hoch betagt zu werden, ist gegenwärtig höher denn je. 40- oder 50-jährige Ehen sind keine Seltenheit; aber auch unverheiratete Paare und in zweiter oder dritter Ehe Verheiratete jenseits des 60. Lebensjahres sind immer häufiger anzutreffen. Die Chance, gemeinsam hoch betagt zu werden, stellt aber gleichzeitig eine große Herausforderung dar: laut Scheidungsstatistik gibt es einen zweiten Scheidungsgipfel bei Paaren, die 20 bis 25 Jahre verheiratet sind. Offensichtlich besteht also ein erheblicher Bedarf an Paartherapie für ältere Paare. Aber nicht nur den Betroffenen fehlt dazu mitunter der Mut, auch den häufig jüngeren Paartherapeuten fällt es bisweilen schwer, älteren oder alten Paaren Therapien anzubieten.

Dieses Themenheft der Zeitschrift PiA will dazu anregen, sich mit dem Thema Paartherapie mit älteren Paaren auseinanderzusetzen. Dabei geht es auch um das Erlernen spezifischer Fähigkeiten – nicht zuletzt um das Sehen in der vierten Dimension.

Astrid Riehl-Emde (Heidelberg)

Literatur

Luft H (2005) Vergänglich, wandelbar, zeitlos – Erfahrungen und Reflexionen von Älteren über die Triebschicksale im Alter. Psychotherapie im Alter 2 (3): 25–35.
Walser M (2004) Der Augenblick der Liebe. Reinbek (Rowohlt).

Paartherapie für ältere Paare. State of the Art

Astrid Riehl-Emde (Heidelberg)

Zusammenfassung

Es ist das Ziel der vorliegenden Arbeit, die relevante Literatur zur Paartherapie mit älteren Paaren, zumeist klinische Vorgehensweisen und dazugehörige Fallbeschreibungen darzustellen. Dazu gehören das Behandlungskonzept, Überlegungen zur Indikation und spezifische Unterschiede in der Arbeit mit älteren und jüngeren Paaren. Bisher liegen keine spezifischen Effizienz- und Effektivitätsstudien zur Paartherapie mit älteren Paaren vor. Da jedoch die Wirksamkeit von Paartherapie im Allgemeinen belegt ist und da sich Psychotherapie mit älteren Menschen als erfolgreich erwiesen hat, lässt sich bis zum Vorliegen spezifischer Ergebnisstudien zunächst einmal ableiten, dass Paartherapie auch bei älteren Paaren erfolgreich eingesetzt werden kann. Kontrollierte Studien zu diesem Thema sind dringend erforderlich.

Stichworte: Paartherapie für ältere Paare, Ergebnisforschung, therapeutisches Konzept, Indikation, Unterschiede zwischen der Therapie mit älteren vs. jüngeren Paaren

Abstract: Couple therapy for elder couples. State of the Art

The aim of the present paper is to describe the literature relevant to couple therapy with elder couples – mostly clinical approaches and corresponding case descriptions. This includes the treatment concept, considerations as to the indication and specific differences in working with elder and younger couples. Up to now, specific efficiency and effectivity studies concerning couple therapy with elder couples are not available. However, due to facts that the efficacy of couple therapy is proved in general and that psychotherapy with elder individuals resulted to be successful, we at first – until specific result studies are on hand – derive that couple therapy can be applied successfully also with elder couples. Controlled studies on this topic are urgently needed.

Key words: Couple therapy with elder couples, outcome research, therapeutic concept, indication, differences in therapy with elder and younger couples

1. Einleitung

Der generelle Nachweis, dass Psychotherapie mit älteren Menschen möglich, sinnvoll, notwendig und langfristig erfolgreich ist, ist erbracht (Heuft & Marschner 1994). Gilt dies auch für die Paartherapie mit älteren Paaren? Kommen ältere Paare überhaupt zur Paartherapie? Welche Möglichkeiten bestehen, in jahrzehntelang tradierten Beziehungsmustern noch etwas zu verändern? Unterscheidet sich die Paartherapie mit älteren Paaren von der Arbeit mit jüngeren Paaren? Dies ist eine Auswahl der Fragen, die am Anfang der hier vorliegenden Übersichtsarbeit standen.

Es ist das Ziel dieser Arbeit, die relevante Literatur zur Paartherapie mit älteren Paaren, zumeist klinische Vorgehensweisen zur Paartherapie mit Älteren und dazugehörige Fallbeschreibungen, darzustellen, sie mit Effizienz- und Effektivitätsstudien zur Paartherapie in Beziehung zu setzen und in Hinblick auf klinisch relevante Merkmale zu diskutieren. In Verbindung mit eigenen klinischen Erfahrungen wird ein Konzept zur Paartherapie mit älteren Paaren entwickelt.

2. Einführung in die Paartherapie

Im Mittelpunkt dieses Beitrags steht das paartherapeutische Behandlungssetting in der ambulanten Praxis und dementsprechend therapeutische Herangehensweisen, die primär auf die Beziehungsmuster und auf die Funktionsfähigkeit eines älteren Paares zielen. Als älteres Paar gilt ein Paar im sog. dritten Lebensalter, das von 60 bis etwa 75 Jahre reicht und kurz gesagt die Zeitspanne der noch weitgehend »behinderungsfreien Lebenserwartung« umfasst. Es geht folglich nicht um die Einbeziehung von Partnern oder Familienangehörigen in die medizinische Behandlung von älteren und alten Patienten im Sinne von Angehörigengesprächen.

2.1. Was ist Paartherapie?

Mit Paartherapie wird ein therapeutisches Vorgehen beschrieben, in dem ein Paar gemeinsam an den Therapiesitzungen teilnimmt mit dem Ziel, die Interaktionen bzw. die Beziehungsdynamik zwischen den Partnern so zu verändern, dass die Probleme der einzelnen, des Paares und manchmal auch der Familie gemildert werden. Traditionell werden drei Hauptrichtungen von Paartherapie unterschieden:

- die psychodynamische bzw. konfliktverarbeitende oder einsichtsvermittelnde Richtung,
- die verhaltenstherapeutische bzw. verhaltensmodifizierende Richtung,
- die system- bzw. kommunikationstheoretische Richtung.

Paartherapie stellt folglich eine Settingvariante verschiedener Schulrichtungen dar. Gegenüber der Familientherapie gilt die Paartherapie als ein eigenständiger Ansatz mit eigener Geschichte (Gurman & Fraenkel 2002), innerhalb derer sich von Anbeginn weniger Abgrenzung als Offenheit bzw. Interesse an Integration zwischen den verschiedenen Schulen beobachten lässt; diese Haltung wurde früher bisweilen als »im positiven Sinne eklektisch« verspottet. Die Integration zeigt sich in jüngerer Zeit zum Beispiel in gemeinsamen Leitlinien, die in Kooperation verschiedener Richtungen erarbeitet wurden (Scheib et al. 2000).[1] Sie zeigt sich auch in der integrativen Ausrichtung führender Zeitschriften. In einem Themenheft zur Paartherapie der Zeitschrift »Psychotherapie im Dialog« resümieren Schweitzer & v. Schlippe (2000, S.83) in Bezug auf das methodische Spektrum der beteiligten Autorinnen und Autoren dementsprechend mehr Gemeinsamkeiten als Unterschiede: Offenbar gebe es »ein Universum an methodischen Möglichkeiten, das nur zu einem Teil von der Zugehörigkeit zu einer ›Schule« bestimmt ist – und zu einem großen Teil von der Entwicklung einer nicht zu verwechselnden Therapeutenpersönlichkeit«. Hier werde das Modell des »Learning from many masters« (Orlinsky 1994) besonders prägnant verwirklicht.

Im Folgenden sind die wesentlichen Charakteristika der Paartherapie dargestellt:

---

1 Leitlinien Paar- und Familientherapie, Version 2.0. Im Auftrag der Konferenz der leitenden Fachvertreter für Psychosomatische Medizin und Psychotherapie an den Universitäten der Bundesrepublik Deutschland und im Einvernehmen mit den Fachverbänden DGPM, DGPT, AÄGP und DKPM.

- Paartherapie ist in der Regel eine *Kurztherapie*, die aus 10 bis 20 Sitzungen besteht, die sich allerdings auch mit geringer Frequenz über einen längeren Zeitraum erstrecken kann.
- Paartherapie erfordert in der Regel eine relativ *aktive Herangehensweise* vom Therapeuten, insbesondere zu Beginn.
- In den Sitzungen werden Entwicklungsprozesse angestoßen (Anstoßen statt Durcharbeiten). Mit der Idee, einen Wandel bzw. eine Deblockierung zu initiieren, gilt in der Paartherapie eine *begrenzte Zielvorstellung*.
- Da das, was in den gemeinsamen Sitzungen gesagt wird, immer auch reale Auswirkungen auf die Paarbeziehung außerhalb des Therapieraums hat, sind *Offenheit* und die Möglichkeiten zur *Regression* in der Paartherapie *begrenzter* als in der Einzeltherapie.
- Dadurch ist auch die therapeutische (Übertragungs-)Beziehung weniger intensiv. In der Paartherapie steht die *Beziehung der Partner* untereinander mehr *im Zentrum* als die Beziehung beider Partner zum Therapeuten. Konzepte von Übertragung und Gegenübertragung haben geringere Bedeutung, stattdessen werden mit Allparteilichkeit und Neutralität zwei hilfreiche therapeutische Haltungen konzeptionalisiert.

2.2. Ab wann gehört ein Paar in die Gruppe der »älteren Paare«?

Die Antwort auf die Frage, ab wann ein Paar in die Gruppe der älteren Paare gehört, ist nicht ganz trivial, weil sie sowohl mit dem Lebensalter beider Partner als auch mit dem Alter ihrer Paarbeziehung zu tun. Die Festlegung, ein Paar zwischen 60 und etwa 75 Jahre sei ein »älteres Paar«, gewichtet das Lebensalter stärker als die Dauer der Beziehung. Sie orientiert sich an der Übereinkunft innerhalb der Wissenschaften vom Alter, den Beginn des Alters mit dem 60. Lebensjahr festzulegen.

Erst an zweiter Stelle wird dann weiter unterschieden zwischen jungen und älteren Paaren, genauer gesagt: zwischen kurz- und langzeitigen Paarbeziehungen im Alter. Die langjährige Beziehung stellt statistisch den Normalfall der Ehe im höheren Erwachsenenalter dar. Es geht dabei nicht nur um die Anzahl der gemeinsam verbrachten Jahre, sondern auch und vor allem um das, was das Paar *qualitativ* im Laufe der Beziehung miteinander entwickelt hat. Trotz des statistischen Normalfalls ist die langjährige Paarbeziehung – die sog. »Altersehe« – ein relativ junges Forschungsgebiet. Viele Fragen sind noch offen. Bekannt ist allerdings, dass die Qualität der Paarbeziehung mit seelischer Gesundheit zu tun hat: Die Einbindung des Menschen in eine funktionale Paarbeziehung gilt als wesentlicher Prädiktor für Gesundheit und Wohlbefinden, und die Paarbeziehung als bedeutsame Ressource für die Bewältigung von Krisensituationen. Gerade bei älteren Paaren wird die Paarbeziehung besonders wichtig, nachdem die Familien- und Berufsphase in den Hintergrund getreten sind.

Diese »nachelterliche Gefährtenschaft« – die Zeit zwischen Weggang des letzten Kindes und Verwitwung – beginnt zumeist zwischen 45 und 60 Jahren, sie kann heute bis gegen das 80. Lebensjahr andauern. Sie betrug vor 100 Jahren etwa 1 bis 2% der Lebensdauer; heute ist sie auf gut 30% angestiegen. Damit ist die Chance, als Paar hoch betagt zu werden, gegenwärtig höher denn je. 40- oder 50-jährige Ehen sind keine Seltenheit; aber auch unverheiratete Paare und in zweiter oder dritter Ehe Verheiratete jenseits des 60. Lebensjahres sind immer häufiger anzutreffen. Die Chance, gemeinsam hoch betagt zu werden, stellt gleichzeitig eine große Herausforderung dar: Laut Scheidungsstatistik gibt es einen zweiten Scheidungsgipfel bei Paaren, die 20 bis 25 Jahre verheiratet sind.

3. Literaturübersicht

Im Rahmen der vorliegenden Arbeit wurde zum einen die Literatur zum Thema Paartherapie mit älteren Paaren (>60 Jahre), zum anderen Literatur zum Thema Alterspsychotherapie mit Blick auf das Paarsetting berücksichtigt. Die Recherche erfolgte in den Datenbanken PSYNDEX, PSYCINFO und MEDLINE, schwerpunktmäßig ab 1990; darüber hinaus wurden auch ältere Übersichtsarbeiten einbezogen. Die Stichworte »Paartherapie« und »ältere Paare« wurden kombiniert mit den Begriffen Methode, Behandlungstechnik, Indikation, Setting, Gruppentherapie mit Paaren, Prognose, Behandlungserfolg, Ergebnis, Katamnese, Evaluation, Metaanalyse.

Die Recherche bei MEDLINE steht auch stellvertretend für die anderen Datenbanken. Es fanden sich 112 Einträge zur Paartherapie, allerdings wird nichts über das Alter der Paare ausgesagt. Wird zusätzlich das Stichwort »old« eingegeben, findet sich nur ein Treffer, die Stichworte »elderly« oder »long-married« ergeben keine Treffer. Dieses Beispiel ist typisch für die Literatursuche und zeigt, dass das Alter des Paares in den Effizienz- und Effektivitätsstudien zur Paartherapie eine noch vernachlässigte Variable darstellt. Hingegen ist in den Übersichtsarbeiten zur Paartherapie mit älteren Paaren die Stichprobe klar definiert und auf Ältere bzw. Alte begrenzt. Diese Übersichten beziehen allerdings nicht nur die klassische Paartherapie, sondern sehr heterogene Settingvarianten in die Betrachtung mit ein und verzichten häufig zugunsten der Vielfalt auf spezifische Einschlusskriterien oder auf methodische Mindestvoraussetzungen.

Im Folgenden werden zunächst die Ergebnisse von Effizienz- und Effektivitätsstudien zur Paartherapie – mit besonderem Augenmerk auf ältere Paare –, anschließend die Befunde von Übersichtsarbeiten aus dem Gebiet der Alterspsychotherapie – mit besonderem Augenmerk auf die Paartherapie – dargestellt.

3.1. Stand der Ergebnisforschung zur Paartherapie

Die bedeutendsten Übersichtsarbeiten über Effektivitäts- und Effizienzstudien zur Paartherapie einschließlich Metaanalysen stammen aus dem angloamerikanischen Sprachraum, wobei die Paartherapie bis zur Jahrtausendwende meist in Kombination mit der Familientherapie abgehandelt wurde (u.a. Gurman et al. 1986; Alexander et al. 1994; Pinsof & Wynne 1995) und erst in jüngeren Überblicksarbeiten eigenständig präsentiert wird (Gurman & Fraenkel 2002; Snyder et al. 2006). Die genannten Arbeiten differenzieren in der Regel nach folgenden Merkmalen:

- *Methode:* zumeist wird unterschieden zwischen behavioral; kognitiv; EFT (emotionally focused marital therapy); einsichtsorientiert; bisweilen auch kognitiv-behavioral; psychodynamisch.
- *Beziehungsproblem*: v.a. sexuelle Probleme; Gewalt und Aggressivität; außereheliche Beziehungen; Kommunikationsprobleme
- *Krankheitsbild bzw. Komorbidität*: Psychiatrische Krankheitsbilder, v.a. Depression; Angststörungen, meist Agoraphobie; Alkoholismus; bisweilen: chronische Erkrankungen.
- *Therapie vs. Prävention*: Kommunikation und Problemlösungsverhalten; oder auch *Paar- vs. Scheidungstherapie.*

Leider gibt es weder separate Daten noch eine Diskussion zum Alter der Paare. Lediglich bei der Prävention ehelicher Schwierigkeiten wird unterschieden zwischen Programmen für Paare vor der Eheschließung und »Enrichment«-Angeboten für Ehepaare, die aber in der Regel um 40 Jahre alt sind. Einige Studien zeigen, dass jüngere Paare mehr von behavioraler Paartherapie profitieren, wohingegen andere keinen Zusammenhang zwischen Alter und Therapieergebnis finden (Alexander et al. 1994; Snyder et al. 2006).

In die Ergebnisstudien gehen durchaus die Daten älterer Paare ein, sie werden allerdings nicht separat betrachtet. Stellvertretend für viele andere Beispiele seien zwei typische Stichprobenbeschreibungen zitiert: (1) In einer Effektivitätsuntersuchung zur Paarberatung aus Deutschland (Hahlweg & Klann 1997) heißt es, das Durchschnittsalter der Frauen betrage 36,8 Jahre bei einer Streubreite zwischen 22 und 65 Jahren; die dazu gehörigen Männer sind im Schnitt 39,3 Jahre alt bei einer Streubreite zwischen 22 und 67 Jahren. (2) In einer Effektivitätsstudie aus Schweden (Lundblad & Hansson 2006, S.140) steht: »Of the participating couples, 60 per cent were younger than 40 years, 25 per cent were between 40 and 49 years old, and 15 per cent were older than 49.«

Hier stellt sich natürlich die Frage, ob die Befundlage Ausdruck davon ist, dass in der Paartherapie mit Älteren bislang wenig Erfahrung vorliegt oder sie sich kaum von der mit Jüngeren unterscheidet und deswegen kein eigenes Stichwort benötigt.

Der nach wie vor aktuelle Forschungsstand zur Paartherapie sei hier in Anlehnung an Gurman & Fraenkel (2002, S.241ff.) zusammengefasst:

- Paartherapie ist wirksam. Untersuchungen mit unbehandelten Kontrollgruppen bestätigen eindeutig und übereinstimmend, dass Paartherapie sowohl in statistischer als auch in klinischer Hinsicht effektiver ist als keine Therapie. In ⅔ der Fälle bewirkt Paartherapie positive Ergebnisse in Bezug auf eheliche Zufriedenheit und Reduktion von ehelichem Distress.
- Positive Ergebnisse treten typischerweise in Kurzzeit-Settings von 12 bis 20 Sitzungen auf.
- Bei Ehe- und Beziehungsproblemen erweist sich Paartherapie wirksamer als Einzeltherapie.
- Paartherapie erweist sich als hilfreich in der Behandlung psychiatrischer Krankheitsbilder (z.B. Depression, Alkoholismus, Angststörungen), sowohl allein als auch in Kombination mit anderen Therapieformen. Ein relativ übereinstimmender Trend geht dahin, dass Paartherapie bei schweren Störungen dann effektiver ist, wenn sie mit anderen Interventionselementen kombiniert wird.

- Wie in der Einzeltherapie kommt es auch in der Paartherapie in bis zu 10% der Fälle zu negativen Effekten bzw. zu Verschlechterungen. Diese stehen insbesondere mit einer therapeutischen Vorgehensweise in Verbindung, die frühzeitig in der Therapie mit affektiv hoch besetztem Material konfrontiert und gleichzeitig wenig strukturiert und wenig unterstützend wirkt.
- Kotherapie ist nicht wirksamer als das Setting mit einem Therapeuten. Es liegen keine Hinweise vor, dass eine Form der Paartherapie einer anderen überlegen ist. Tendenziell scheint die Besserung bei einsichtsorientierter Paartherapie dauerhafter (4-Jahres-Follow-up) als bei behavioraler Paartherapie zu sein.
- Unabhängig von der Methode wurden zwei wesentliche Muster identifiziert, die prädiktiv sind für den späteren Therapieerfolg:
  1) *Paare, die jünger sind*, weniger distressed/weniger unzufrieden und sich emotional besser aufeinander einstimmen können, scheinen mehr von Paartherapie zu profitieren. »The rich seem to get richer« (ebd. S. 244).
  2) Paare, die gut miteinander kooperieren und auch mit dem Therapeuten in einen kooperativen, affektiv bedeutungsvollen Austausch kommen, profitieren mehr.

Viele Fragen bleiben offen, insbesondere »was für wen in welcher Weise wirkt«. In diesem Zusammenhang empfehlen Snyder et al. (2006, S. 337) der zukünftigen Forschung explizit, das Alter – als eine unter anderen Variablen – mehr in den Fokus zu nehmen.

3.2. Übersichtsarbeiten zur Alterspsychotherapie – Paartherapie im Fokus

Die erste mir bekannte Übersichtsarbeit im deutschsprachigen Raum zur Dynamik und Therapie von Paaren und Familien mit Mitgliedern im höheren und hohen Lebensalter stammt von Schlesinger-Kipp & Radebold (1982). In einer Literaturübersicht wurden 1700 Veröffentlichungen bis Anfang 1980 zusammengetragen, die sich sowohl auf psycho- bzw. beziehungsdynamische Aspekte als auch auf das therapeutische Vorgehen beziehen. Paartherapie wird in dieser Arbeit bewusst sehr weit gefasst. Einbezogen werden Arbeiten zu stationären, teilstationären oder ambulanten Settings, aber auch Einzeltherapien mit Einbezug des Partners, die Bearbeitung eines Paarkonflikts im

Einzelsetting oder das klassische paartherapeutische Setting. Die Übersicht vermittelt eine heterogene Paartherapie-Szene bis zu Beginn der 80er Jahre, die Gurman & Fraenkel (2002) 20 Jahre später in unterschiedliche Phasen gegliedert haben:

1. eine relativ theoriearme Eheberatungs-Kultur – »Atheoretical Marriage Counseling Formation (1930–1963)«;
2. eine Art experimenteller Psychoanalyse – »Psychoanalytic Experimentation (1931–1966)«; und
3. die Einverleibung der Paartherapie durch die Familientherapie – »Family Therapy Incorporation (1963–1985)«.

Zu Recht beklagen Schlesinger-Kipp & Radebold, dass bei der Beschreibung von Indikationen keine Angaben zu Alter gefunden werden und auch in den Behandlungsberichten zumeist präzise Altersangaben fehlen.

20 Jahre später kommt eine Übersichtsarbeit über »Psychotherapeutische Behandlungen im Alter« (Heuft & Marschner 1994) in Bezug auf die zwischen 1970 und 1993 publizierte Literatur zur Paartherapie zu folgendem Ergebnis: Zu je 25% werde psychoanalytisch bzw. behavioral, zu 37% systemisch und zu 13% eklektisch gearbeitet. In 3/4 der Fälle gehe es um allgemeine Beziehungskonflikte, in 1/4 der Fälle um sexuelle Probleme. Es überwiegen Kurzformen von 15 bis 20 Sitzungen. Bei den Indexpatienten werden Depressionen, Angstsyndrome, psychoorganische Syndrome und körperliche Erkrankungen beschrieben, die in Wechselwirkung mit Beziehungsproblemen stehen. Bei der Behandlung sexueller Störungen nimmt die Aufklärung über die sich verändernde Sexualität im Alter einen wichtigen Platz ein; darüber hinaus wird aber auch die Paarbeziehung thematisiert und ggf. werden Übungsbehandlungen durchgeführt.

Gruppentherapie für Ältere bezieht sich in der Regel auf themen- oder problemorientierte Gruppen für Einzelpersonen im stationären Setting (Übersicht: Kipp & Peters 2005; Schneider & Heuft 2001); über die Arbeit mit älteren Paaren im ambulanten Gruppensetting liegt bisher kaum Literatur vor. Zwei Publikationen aus dem amerikanischen Raum über eine Paargruppentherapie bzw. über ein sexualtherapeutisches Programm mit älteren Paaren stammen bereits aus den 70er Jahren (Richman 1979; Rowland & Haynes 1978). Insbesondere der Bericht über eine ambulante Gruppe für Paare über 65 Jahre (Richman 1979) beschreibt die positiven Auswirkungen der Gruppe auf die ehelichen Beziehungen und begründet diese v.a. mit dem entstandenen Gruppenkohäsionsgefühl und der Anregung zu größerer Aktivität und sozialen Kontakten, welche die ausschließliche Abhängigkeit vom Partner gemindert hätten. Evans (2004) berichtet von einer eigenen Studie, in welcher das zeitlich begrenzte Gruppenangebot für ältere Paare in einer psychiatrischen Tagesklinik evaluiert wurde. Leider ist diese Studie lediglich in einem Abstractband einer Tagung aus dem Jahre 1997 erwähnt.

Die vorliegenden Gruppenangebote für ältere Paare kommen zumeist aus dem anglo-amerikanischen Sprachraum und sind als Interventions- bzw. Enrichment-Programme primär auf die Sexualität ausgerichtet (Übersicht: Trudel et al. 2000; Willert & Semans 2000). Es ist offenbar günstig, wenn diese »sexual education programs« für Ältere, die sowohl für Paare als auch für Einzelpersonen offen sind, ein breites Spektrum an Themen umfassen: Neben spezifischer Wissensvermittlung (altersbedingte Veränderungen der Sexualität, sexuelle Störungen, Wechselwirkung mit Erkrankungen, sexuelle Mythen), geht es z.B. auch um die Vermittlung von Kommunikations- und Problemlösefertigkeiten, um den Umgang mit Stress und chronischer Erkrankung, sowie um allgemeine biologische und psychologische Alterungsprozesse. Die Untersuchung von Wiley & Bortz (1996) zur Wirksamkeit eines solchen Programms, das am Palo Alto Senior Center angeboten wurde, zeigte 1/2 Jahr später zwar keine Veränderungen im sexuellen Verhalten der Teilnehmer, aber eine Zunahme an Wissen, Selbstvertrauen und Sensibilität gegenüber dem Thema; die sexuellen Wünsche hatten gleichfalls zugenommen. An der Befragung beteiligten sich 118 Männer und Frauen mit einem Durchschnittsalter von 67 Jahren. Die Autoren vermuten, dass durch eine umfangreichere Intervention nicht nur die Haltungen und Einstellungen, sondern auch die sexuelle Aktivität positiv beeinflusst werden könnte.

3.3. Fazit

Als Fazit der bisherigen empirischen Forschung lässt sich zweierlei festhalten:
- Psychotherapie mit älteren Menschen ist erfolgreich,
- Paartherapie ist wirksam.

Eine Fülle von klinischer Erfahrung spricht dafür, dass Paartherapie auch bei älteren Paaren erfolgsversprechend eingesetzt werden kann bzw. dass die Paartherapie mit Älteren sich kaum von der mit Jüngeren unterscheidet. »Im wesentlichen werden für ältere Patienten keine neuen oder anderen Psychotherapieverfahren und Behandlungstechniken benötigt.«, stellt Maercker (1993, S.146) in einer Übersichtsarbeit zur Alterspsychotherapie fest. ... »Treating the elderly population for sexual dysfunction, is essentially the same as treating younger clients« ergänzen Willert & Semans (2000, S.431). Effizienz- und Ergebnisstudien eigens für ältere Paare stehen nicht zuletzt deswegen noch aus, weil ältere Paare im paartherapeutischen Setting bisher unterrepräsentiert sind.

4. Konzept einer Paartherapie für ältere Paare

Das therapeutische Vorgehen beinhaltet im wesentlichen die Mittel und Techniken, die auch in der Arbeit mit jüngeren Paaren üblich sind. Es wird ergänzt durch spezifische klinische Überlegungen in Bezug auf ältere Paare (Qualls 1995; Rosowsky 1999; Autoren aus der Schweiz: Bösch 1995; Kaufmann 1988; Willi 1986). Das Vorgehen besteht aus einer Verbindung von systemischen und psychodynamischen Elementen und lässt sich zusammenfassen anhand der beiden Grundpfeiler:

- Lebenszyklus/Entwicklungsorientierung/Lebensthemen,
- Kollusion.

Die Paartherapie lässt sich als stufenweises Vorgehen beschreiben, in dem einfache, »oberflächliche« Hypothesen und dazu passende Interventionen am Beginn stehen und komplexere Hypothesen und Interventionen nur dann zum Einsatz kommen, wenn die einfachen nicht ausreichen. Die Orientierung am Lebenszyklus stellt in diesem Sinne ein scheinbar oberflächliches, wenig Pathologie-orientiertes Rahmenkonzept dar.

Zu Lebenszyklus/Entwicklungsorientierung: Das Modell des familiären Lebenszyklus stammt aus der Familiensoziologie. Demnach gilt die Familie als ein sich fortlaufend entwickelnder Prozess, der die Reziprozität phasenspezifischer Entwicklungsaufgaben unterschiedlicher Generationen betont. Das Entwicklungsgeschehen ist charakterisiert durch einen wiederkehrenden Wechsel zwischen Phasen, in denen Anpassung an die sich wandelnden Bedürfnisse und Interessen erforderlich ist, und Phasen, in denen die Stabilisierung der Beziehungsstrukturen möglich ist. In Abhängigkeit von den jeweiligen Phasen gibt es folglich spezifische Entwicklungsaufgaben für

Individuen, Paare und Familien, die vollzogen oder blockiert werden können. Die Integrität und psychische Stabilität der einzelnen Individuen kann nur dann bewahrt werden, wenn sich innere Strukturen, Rollen und Muster der Beziehungen so verändern, dass sie den Entwicklungsphasen angemessen sind. Das bedeutet konkret für die Paarbeziehung Älterer: Je weniger ein Paar bzw. die beiden Individuen in der Lage sind, einen angemessenen Gleichgewichtszustand zu erreichen in Bezug auf den Übergang in den Ruhestand, Auszug der Kinder, Verlust eines Elternteils, körperliche Einschränkungen, Behinderungen oder ernsthafte Erkrankungen usw., umso stressvoller und bedrohlicher wird jede fällige oder überfällige Veränderung.

Neben der Polarität Kontinuität versus Wandel geht es bei Paaren aber auch um weitere Polaritäten oder Lebensthemen, hinsichtlich derer sie sich in ihrer Lebenswelt selbst organisieren (Welter-Enderlin & Jellouschek 2002): Es geht um den Umgang mit *Autonomie versus Bindung*, also um den Ausgleich zwischen den Interessen des einzelnen Individuums und den Bedürfnissen des Paares; Variationen dieser grundlegenden Polarität sind die Themen Lust versus Pflicht, Erregung versus Sicherheit und Nähe versus Distanz. Es geht um den Umgang mit *Bestimmen versus Sich bestimmen lassen*, also um die Frage, wie Macht und Einfluss zwischen Mann und Frau verteilt sind. Hier sind einerseits die psychologischen Fragen des Einfluss-Nehmens und Einfluss-Zugestehens wichtig, andererseits aber auch die strukturellen Gegebenheiten der Macht-Ressourcen von Mann und Frau. Und es geht um die Polarität von *Geben versus Nehmen*, insbesondere um den affektiven Austausch, um die Einseitigkeit oder Wechselseitigkeit hinsichtlich der Befriedigung der emotionalen Bedürfnisse von Mann und Frau. Paare können diese Lebensthemen ausbalancieren oder auch in polarisierten Rollen untereinander aufteilen. Häufig jedoch werden bei älteren Paaren die bisherigen Lösungen im Umgang mit den Lebensthemen in Frage gestellt, und es steht eine Neu-Balancierung an.

Hinzu kommt die Balance von Idealisierung versus Realitätssinn, die über den gesamten Lebenszyklus des Paares als ein wichtiges Merkmal guter Beziehungen gilt. Mit diesem Thema wird auch der Umgang mit Enttäuschungen angesprochen, die oft zu Unrecht dem Anderen angelastet werden; die Neigung dazu wachse bereits in den mittleren Jahren, wie Wallerstein & Blakeslee (1996) in einer qualitativen Studie feststellten.

Im Rahmen dieses entwicklungsorientierten Modells wird in der Paartherapie der Fokus auch bei älteren Paaren darauf gelegt, anstehende bzw.

überfällige Entwicklungsschritte des Paares oder der Individuen zu fördern bzw. zu deblockieren. Erst wenn dieses Vorgehen versagt oder nicht ausreicht, kommen komplexere Ansätze zum Tragen:

Zur Kollusion: Im Mittelpunkt des Kollusionsmodells steht die interpersonelle Aufteilung von Lebensthemen in komplementären Rollen. Komplementäre Rollenaufteilungen gelten dann als kollusiv, wenn in Krisensituationen keine flexible Rollenaufteilung möglich ist und die dem Partner delegierte Seite sowohl in der eigenen Person abgewehrt als auch im anderen bekämpft wird. Im Rahmen des Kollusionsmodells wird vor allem an drei Funktionsprinzipien gearbeitet, die Willi (1986) anhand spezifischer Gefahren für die Altersehe bzw. anhand von Alterskollusionen erläutert:

Abgrenzungsprinzip: Die intradyadischen und extradyadischen Grenzen sollen für die Partner und für Außenstehende sichtbar, aber trotzdem nicht starr und undurchlässig sein. Bei Ehen älterer und alter Paare besteht die Gefahr, sich gegenüber der Außenwelt zu stark abzugrenzen und in Folge anfälliger für destruktive Entwicklungen innerhalb der Dyade zu werden. Insofern ist es wichtig, diese »Einfriedung« des Paares zu verhindern, den Außenbezug zu erhalten oder wieder herzustellen.

Die Balance von progressiven und regressiven Verhaltensweisen: Regressive und progressive Verhaltensweisen sollen flexibel und nicht als polarisierte Rollen auf die Partner verteilt sein. Der progressive Partner verhält sich z.B. dominant, überlegen, aktiv, führend, fürsorglich, er sorgt für den sozialen Status, dient als Identifikationsfigur. Der regressive Partner hingegen verhält sich unterlegen, hilfe- und führungsbedürftig, neigt dazu, den anderen zu bewundern und sich mit ihm zu identifizieren. Eine solche Polarisierung ist nicht per se pathologisch, sie gibt erst dann Anlass zu pathologischen Entwicklungen, wenn sie nicht mehr flexibel den Erfordernissen der aktuellen Umwelt-Konstellation angepasst werden kann. Konkret bedeutet das: der progressive Partner kann sich nicht auch regressiv verhalten aus Angst, damit seine Überlegenheit einzubüßen, lächerlich zu wirken oder vom Partner nicht mehr gebraucht zu werden. Der regressive Partner wiederum verweigert progressive Funktionen aus Angst, sich als unfähig zu erweisen, damit weniger liebenswert zu sein oder auch den Partner dann nicht mehr zu brauchen. In den Ehen älterer und alter Paare können insbesondere Funktionseinschränkungen durch Gebrechen diese Rollenaufteilung durcheinander bringen, und die Partner bringen mitunter viel Energie dafür auf, sich gegen eine erforderliche Rollenumkehr zur Wehr zu setzen.

Selbstwertbalance: Die Partner sollen in ihrem Selbstwertgefühl gleichwertig sein bzw. im Gleichgewicht zueinander stehen. Das Konzept geht davon aus, dass zwei Partner sich so aufeinander einzuspielen versuchen, dass ihr jeweiliges Selbstwertgefühl ungefähr gleich ist; aus beiden Positionen, regressiv und progressiv, lässt sich Selbstwert beziehen. Gerät nun einer der Partner in der Entwicklung seines Selbstwertgefühls ins Hintertreffen, besteht die Gefahr, dass er sich durch destruktives Verhalten am anderen zu rächen versucht. In den Ehen älterer und alter Paare werden Störungen in der Selbstwertbalance durch asynchronen Altersabbau ausgelöst. Der Vorgealterte oder Gebrechliche reagiert mit Eifersucht und Neid, kontrolliert den Partner und versucht, ihn mittels der Krankheit stärker an sich zu binden. Veränderungen in der Selbstwertbalance sind auch beim Übergang in den Ruhestand zu bewältigen, wenn z.B. in Fällen traditioneller Rollenaufteilung der Mann seinen sozialen Status verliert oder die Frau sich in ihrer Haushaltsdomäne gefährdet fühlt.

Zur Paartherapie gehört sowohl die *Beziehungsdiagnostik* des Paares und des weiteren familiären Kontextes, der wiederum eingebettet ist in den soziokulturellen Kontext, als auch eine Diagnostik beider Individuen in Bezug auf ihr körperliches und seelisches Befinden und in Bezug auf physiologische oder sensorische Fähigkeitsbeeinträchtigungen. Insbesondere nicht kompensierte Hörbehinderungen können Misstrauen, Fehlinterpretationen bis hin zu paranoiden Ideen auslösen und zu einem erheblichen Konfliktpotential auf der Paarebene beitragen.

In der Literatur wird die *Sexualtherapie* meist getrennt von der Paartherapie behandelt, was größtenteils auf die meist separierte Aus- und Weiterbildung auf beiden Gebieten zurückzuführen ist. Gurman & Fraenkel (2002) diagnostizieren eine »still unconsummated relationship« von Paar- und Sexualtherapie. Tatsächlich überwiegen die Vorteile einer Integration beider Vorgehensweisen. Im Rahmen des Erstgesprächs sollte daher auch nach der gemeinsamen Sexualität gefragt werden, so wie sich Therapeuten auch über andere Beziehungsbereiche sachkundig machen. Dies ist gleichzeitig ein Signal für das Paar, dass auch die Sexualität in den Gesprächen einen Platz haben kann. Viele Konfliktkonstellationen lassen sich im Rahmen des bereits skizzierten Konzepts behandeln. Ob darüber hinaus im Rahmen der Paartherapie ein spezifisches sexualtherapeutisches Vorgehen indiziert ist, sollte sorgfältig geprüft werden.

Seit den 70er Jahren werden bevorzugt »Sensate-Focus«-Übungen (Masters & Johnson 1973; Singer Kaplan 1983) angeboten, die dank ihrer berechenbaren Struktur einen angstreduzierenden Kontext schaffen und insbesondere bei entspannungsverhindernden Leistungs-, Gewissens- und Versagensängsten indiziert sind. Eine neue und ganz andere sexualtherapeutische Zugangsweise (Clement 2004) orientiert sich am sog. Differenzierungskonzept (Schnarch 1997) und ist insbesondere bei sexueller Lustlosigkeit indiziert.

4.1. Indikation und Kontraindikation zur Paartherapie mit älteren Paaren

Paartherapie ist zur Behandlung von Störungen, aber auch zur Ressourcenmobilisierung und Bewältigungshilfe bei psychischen und körperlichen Krankheiten indiziert. Anlass zur Paartherapie können darüber hinaus auch allgemeine Lebensprobleme oder partnerschaftliche Krisensituationen sein. Bei der Indikation zur Psychotherapie gilt es zu beachten, dass die Flexibilität und die Entwicklungsmöglichkeiten der einzelnen wichtiger sind als ihr Lebensalter.

Speziell bei älteren Menschen ist ein paartherapeutisches Vorgehen indiziert (vgl. Tab. 1),

- weil der Anteil von psychischen und zwischenmenschlichen Problemen an den möglichen Krisen im Alter hoch ist und weil diese sich in der Regel gerade in den Beziehungen zu den Nächsten, also den Ehepartnern oder Kindern, ausdrücken.
- weil im Alter oftmals in sehr kurzer Zeit gravierende Veränderungen auftreten, die Neuorientierungen erforderlich machen und eine Überforderung darstellen können. Insbesondere im Falle der Erkrankung eines Partners oder auch bei asynchronen Alterungsprozessen kommt es oftmals zu einer Rollenumkehr, die mit erheblichen Anpassungsproblemen für beide Partner einhergehen kann und Zeit benötigt. Gerade in eine solche Konstellation fließt in die neu herzustellende Balance meist nicht nur die Gegenwart, sondern auch die innere Bilanz über die Beziehung in der Vergangenheit ein.

- Darüber hinaus ist das Zustandekommen therapeutischer Gespräche von der Kooperationsbereitschaft der Beteiligten abhängig. Dies ist eine allgemeine Voraussetzung, die natürlich für jede Art der Behandlung unabhängig vom Alter der Betroffenen gilt.
- Eine weitere, entscheidende Voraussetzung für die Indikation stellt die Einstellung des Psychotherapeuten dar, d.h. seine Bereitschaft, mit Alten zusammenzuarbeiten.

Kontraindiziert ist das paartherapeutische Setting,
- wenn es über längere Zeit nicht gelingt, die Beteiligten vor Entwertung und Demütigung zu schützen, oder wenn die Therapie die Feindseligkeit zwischen diesen verstärkt.
- wenn die Gespräche vor allem dazu dienen, einer oder mehreren anderen Personen zu beweisen, dass die letzten 30, 40 gemeinsamen Jahre schlecht waren. Auch wenn einer dem anderen beweisen will, dass er oder sie schon immer irgendetwas falsch gemacht oder versagt hat, ist dies eine ungünstige Voraussetzung.

Allgemeine Indikation	• hoher Anteil psychischer und zwischenmenschlicher Probleme an den Krisen im Alter, die meist in den familiären Beziehungen zum Ausdruck kommen (Ehepartner, Kinder) • oftmals in kurzer Zeit erforderliche Neuorientierungen aufgrund gravierender Veränderungen (z.B. asynchrone Alterungsprozesse, Erkrankung eines Partners)
Spezielle Indikation (Patient)	• Kooperationsbereitschaft der Beteiligten • Flexibilität und Entwicklungsmöglichkeiten der einzelnen sind wichtiger als ihr Lebensalter
Spezielle Indikation (Therapeut)	• Bereitschaft, mit älteren Paaren zusammenzuarbeiten

Tabelle 1: Indikationskriterien für die Paartherapie mit älteren Paaren

Paartherapie fördert im günstigen Fall Verständnis und Akzeptanz für das eigene Verhalten und das Verhalten des Partners, sie fördert kommunikative Fertigkeiten, den Mut zur Konfrontation, die Fähigkeit zum konstruktiven Streiten. Wenn Konflikte offen, jedoch nicht verletzend ausgetragen werden, lassen sie sich eher als Chance zur Neuorientierung und Weiterentwicklung wahrnehmen. Offene, nicht verletzende Kommunikation und klare Strukturen können Vertrauen schaffen und individuelle neurotische Reaktionsbereitschaften eindämmen.

Paartherapie ist offiziell keine Krankenkassenleistung. Allerdings besteht infolge einer Ergänzung der Psychotherapie-Vereinbarungen die Möglichkeit, bei »spezifischer Hinzuziehung von Bezugspersonen« Doppelsitzungen (d.h. zweimal 50 Minuten) durchzuführen und abzurechnen; dies gilt für die Verhaltenstherapie, für die tiefenpsychologisch fundierte und für die analytische Psychotherapie (Kassenärztliche Bundesvereinigung 1997). »Die Doppelstunde. Eine neue Möglichkeit in den Psychotherapierichtlinien zur Durchführung von Paar- und Familientherapie« betitelten Cierpka et al. (1997) diese Flexibilisierung der Abrechnungsmodalitäten. Unter Berücksichtigung der finanziellen Ressourcen eines Paares bestehen aber auch gute Erfahrungen damit, sie die Kosten selbst tragen zu lassen, weil Paartherapie im offiziellen Leistungskatalog der Krankenkassen nicht enthalten ist.

4.2. Was ist anders in der Paartherapie mit älteren Paaren?

In keiner Lebensphase des Erwachsenenlebens treten oftmals in relativ kurzer Zeit so gravierende Veränderungen auf wie im Alter. Zum einen zeigen sich in unterschiedlichen Altersphasen spezifische Lebensthemen in immer neuer Gestalt, zum anderen gibt es auch Krisen, die im Alter neu auftreten und die sich aus den spezifischen Entwicklungsaufgaben des Alterns ergeben. Die interindividuelle Variabilität der Entwicklungsmöglichkeiten nimmt mit steigendem Lebensalter zu, so dass die körperlichen, psychischen und sozialen Fertigkeiten älterer und alter Menschen interindividuell breiter streuen als in jüngeren Jahren. Die große interindividuelle Variabilität von Lebensmöglichkeiten – einerseits erhöhte Plastizität und Gestaltungsmöglichkeiten, andererseits Erstarrung und Stagnation, – zeigen sich auch in den Verläufen von Langzeit-Ehen.

4.2.1. *Zur Behandlungstechnik*

Spezifisch in der Arbeit mit älteren Menschen ist, dass die Therapeuten zeitgeschichtlich denken und über Wissen zum Altern verfügen (z.B. zu Entwicklungsaufgaben und häufigen Erkrankungen), dass sie ihre eigenen Voreinstellungen kennen und fruchtbar damit umgehen können, und dass oftmals medizinische Behandlungen parallel stattfinden oder anzuregen sind; auch weitere soziale Angebote für Ältere können sinnvoll in das Behandlungskonzept einbezogen werden.

Therapeutische Ansätze, die von den aktuellen Konflikten ausgehen, scheinen sich besonders zu bewähren, weil es oft um Situationen geht, die einerseits sehr belastend sind und eine Veränderung dringend nötig machen, in denen andererseits die Interventionsmöglichkeiten sehr beschränkt sind. Da ältere Menschen in ihrem Leben meist schon viele Krisen erlebt und bewältigt haben, gilt es, an früheren Bewältigungsformen anzuknüpfen und diese als Ressourcen zu nutzen. Ältere Paare kommen zumeist mit ganz spezifischen Problemen, seltener mit dem Wunsch, ganz allgemein ihre Beziehung verbessern zu wollen, und es empfiehlt sich, auf diese Probleme zu fokussieren. Es geht um begrenzte Ziele, die – vereinfacht ausgedrückt – darin bestehen, die Situation, nicht den Menschen zu ändern. Durch die erfolgreiche Bewältigung von situationsbedingten Problemen kann allerdings oftmals auch die Auswirkung einer Pathologie gemildert werden.

Ältere Paare sollten noch ausführlicher als jüngere über den Rahmen und die Funktion einer Paartherapie informiert werden (Gesprächsregeln, die Bedeutung subjektiver Wahrnehmungen, Vertraulichkeit, evtl. der Umgang mit dem in der Therapie Besprochenen im Alltag). Die meisten Paare sind beruhigt, wenn ihre Probleme nachvollziehbar und nicht ganz ungewöhnlich sind. Insbesondere zu Therapiebeginn sind die Vermittlung von Hoffnung und Vertrauen sehr wichtig. Ältere Menschen mit Vergesslichkeit können sich mitunter nicht mehr an alles erinnern, was in einer vorhergehenden Sitzung Thema war, zumal bei niederfrequenter Therapie. Man kann sie ermuntern, sich wichtige Gedanken zu notieren; wenn keine aktuellen Vorkommnisse anstehen, ist es auch empfehlenswert, ein Thema vorhergehender Sitzungen nochmals aufzugreifen und so einen Wiedereinstieg in das Gespräch zu ermöglichen.

»Bei schlechtem Frischgedächtnis kann weniger mit anhaltender Einsicht (...) gerechnet werden. Umso wichtiger sind positives Konnotieren und Humor in den Sitzungen. Nicht die Einsichten wiegen primär, sondern die in den Sitzungen erreichte Stimmung der Entspannung und Versöhnung« (Bösch 1995, S.299).

4.2.2. *Spezifische Gefahren für Allparteilichkeit und Neutralität; (Gegen-) Übertragungen*

Voreinstellungen, Haltungen und Gefühle der zumeist jüngeren Psychotherapeuten gegenüber älteren Paaren sind in der Regel komplexer als gegenüber jüngeren Paaren. Darauf wird aus Sicht der Einzel-, Paar- und Familientherapie seit Jahren hingewiesen (Hirsch 1997; Radebold 1992; Riehl-Emde 2002a, b). Kurz zusammengefasst: Die (Gegen-)Übertragungsprobleme jüngerer Therapeuten gegenüber älteren Paaren gelten in der Regel als größer als die Probleme älterer Paare gegenüber jüngeren Fachpersonen. Die Erschwernisse auf Therapeutenseite haben im wesentlichen zu tun mit Gefühlen von Hilf- und Hoffnungslosigkeit bzw. mit Zweifeln an Nutzen und Sinn der Therapie; mit dem Wiedererwachen schwieriger Gefühle gegenüber den eigenen Eltern bzw. Großeltern, insbesondere in Zusammenhang mit der Sexualität; mit den Unterschieden sozialer Rollen-, Norm- und Wertevorstellungen; und mit eigenen Altersängsten, die in der Paartherapie natürlich zusätzlich die eigene Paarbeziehung betreffen.

Einerseits besteht die Furcht, im Alter in einer öden, lieblosen Beziehung gefangen und dazu noch krank dem anderen ausgeliefert zu sein, andererseits besteht die Sehnsucht nach einem ruhigen, kontemplativen und gleichzeitig lebendigen Altern in einer Liebesbeziehung, die ein gewisses erotisches Potential behält und auch im Altern neue Erfahrungen ermöglicht.

Selbst wenn die Literatur fast ausschließlich auf die erschwerenden Voreinstellungen der Therapeuten verweist, sollen erleichternde Faktoren nicht unerwähnt bleiben: Neben der größeren zeitlichen Flexibilität älterer Paare, die auch tagsüber und nicht nur zu Randzeiten zur Therapie kommen können und oftmals auch an einem Gespräch mit jüngeren Fachpersonen interessiert sind, neben den besseren finanziellen Möglichkeiten, die es vielen Paaren erlauben, die Kosten selbst zu tragen – alles Ressourcen in der Behandlung –, können Erfahrungsreichtum und Vielfältigkeit jahrzehntelanger Beziehungsgeschichten auch faszinieren, selbst schwere Schicksale älterer Paare können nicht nur Angst auslösen, sondern auch Mut machen für das eigene Altwerden. Die wiederholt beschriebene Verschlossenheit Älterer in Beziehungsfragen erweist sich zunehmend als Kohorteneffekt, d.h. die Paare die derzeit zwischen 60 und 75 Jahre alt sind, haben während ihres Erwachsenenalters bereits eine Sozialisierung hin zur Psychologisierung ihrer Lebensumwelt erfahren.

Eine Untersuchung von Ivey et al. (2000) zeigt, dass mit dem Alter der zu diagnostizierenden Patienten unterschiedliche Bewertungsstandards für psychische Gesundheit verbunden sind: Die gleichen Probleme und Symptome in Paarbeziehungen, die bei Jüngeren als Hinweis für eine persönliche Pathologie gelten, werden bei Älteren als weniger gravierend eingeschätzt.

Zwei Vignetten eines älteren und eines jüngeren Paares wurden vorgelegt, in denen beide Paare über fehlende gemeinsame Sexualität, zunehmende Streitigkeiten und steigenden Alkoholkonsum des Mannes klagen. Das ältere Paar ist 69 und 74 Jahre alt, das jüngere Paar 29 und 34 Jahre alt. In beiden Vignetten führen die depressiv wirkenden Frauen die sexuellen Probleme auf ihre nachlassende Attraktivität für den Partner zurück. Die Männer werden als ängstlich und defensiv beschrieben, sie seien nur widerwillig zur Untersuchung mitgekommen. Die Symptomatik bzw. Problematik des älteren Paar wurde von drei Gruppen übereinstimmend als weniger ernstzunehmend bewertet; das ältere Paar wurde als gesünder eingestuft als das jüngere. Bei den drei Gruppen handelte es sich um (1) praktizierende Paar- und Familientherapeuten (N=118; Durchschnittsalter 48,2 Jahre); (2) Paar- und Familientherapeuten in Ausbildung (N=113; Durchschnittsalter 37,8 Jahre); (3) Personen ohne klinischen Hintergrund, Teilnehmer an Kursen über Familien-Themen: (N=128; Durchschnittsalter 22,5 Jahre). Die Autoren schließen, dass steigender Alkoholkonsum und Beziehungskonflikte im Kontext älterer Beziehungen möglicherweise als weniger wichtig oder sogar als normal erachtet werden, hingegen als problematischer in Beziehungen, die den Großteil des Lebens noch vor sich haben.

Dieser Befund stützt die Forderung nach einer Modifikation der Definition psychischer Störungen unter explizitem Altersbezug.

4.2.3. Haben ältere Paare andere Anliegen und Probleme als jüngere Paare?

Es geht hier keinesfalls um repräsentative Themen oder Paarkonstellationen, sondern ganz einseitig um Problemkonstellationen Älterer in der Paartherapie: Die Lebensphasen-spezifische Probleme Älterer sind verbunden mit dem Übergang in den Ruhestand, mit den sich verändernden Körpern, mit Problemen in der Eltern- oder Großelternschaft, mit asynchronen Alterungsprozessen und unterschiedlicher Vitalität, mit einem kranken oder pflegebedürftigen Partner. Relativ häufig spielen Verdachtsdiagnosen wie Ängste, Depressionen und Demenz in der Paartherapie mit Älteren eine Rolle. Die Auseinandersetzung mit Sterben und Tod ist weniger wichtig als die Thematik des altersgerechten Wohnens, des Aufgebens der eigenen Behausung und der potentiellen Pflegebedürftigkeit in Verbindung mit zunehmender Abhängigkeit eines Partners. Im Folgenden werden die häufigsten Themen etwas ausführlicher dargestellt:

Krankheit und Gebrechlichkeit: Nicht nur allgemeine Problemen im Umgang mit Krankheit und Gebrechlichkeit, sonder auch eine dadurch erforderliche Rollenumkehr kann die Beziehung belasten: Z.B. kämpft der ehemals dominante Partner gegen die Rolle des Abhängigen, und die ehemals sich unterordnende Partnerin hat Schwierigkeiten, Entscheidungen zu treffen oder dem Partner Grenzen zu setzen. Die entscheidende Frage in der Paartherapie lautet in solchen Konstellationen, wie viel Gemeinsamkeit und wie viel Getrenntheit durch die Erkrankung erforderlich sind und in welchem Maße der kranke Partner abhängig von Pflege wird. Aus der Perspektive des Erkrankten besteht der zentrale Konflikt in der Angst vor Verlassenwerden, daher entsteht die Neigung, den gesunden Partner zu kontrollieren. Aus der Perspektive der gesunden Person geht es um den Konflikt zwischen Schuldgefühlen und Wut bzw. Aggression. Aber auch ohne erforderliche Rollenumkehr können Krankheit und Gebrechlichkeit eines oder beider Partner, z.B. die zum normalen Altern gehörenden eingeschränkten Hör- oder Gedächtnisleistungen, die Paarbeziehung stark beeinträchtigen.

Übrigens werden Krankheit bzw. Altersabbau im Sinne einer neuen »Waffengattung« speziell in den Machtkämpfen alternder Paare eingesetzt: Die Entwertung des anderen als dement oder ein Spiel mit anderen möglichen Abbauerscheinungen, von denen die Vergesslichkeit noch die mildeste ist, können dann besonders verunsichern und verletzen, wenn sie mit den eigenen Ängsten korrespondieren.

Dauerstreitigkeiten: Viele Paare vermitteln den Eindruck, ihre Interaktionen seien in festen, feindlichen Bahnen der gegenseitigen Schuldzuweisung erstarrt (Kaufmann 1988). Insbesondere aufgrund dieser Konstellationen entsteht der Eindruck, ältere Menschen seien rigide und ihre Beziehungen unbeeinflussbar. Bösch hält jedoch jeden allgemeinen Pessimismus für unangebracht:

»Es gilt zu erkennen, dass die gegenseitigen Schuldzuweisungen aus dem verzweifelten Bemühen resultieren, dem Partner klarzumachen, dass man nicht anders konnte und guten Willens war. Diese scheinbare verbale Aggression ist meistens ein maskierter und unverstandener Schrei nach Verständnis. Alte Menschen müssen sich stark mit Trennungs- und oft mit existentiellen Verlusterlebnissen auseinandersetzen und ihre seelische Belastbarkeit ist aus diesen und vielleicht anderen, uns nicht bekannten Gründen vermindert .... Gerade weil die emotionale Bindung so stark ist und Loyalitäts- und Schuldgefühle so zwingend sind, kann mit positiver Konnotation ihrer gemeinsamen Geschichte und ihres gegenseitigen guten Willens durchaus eine Entspannung und Beruhigung erreicht werden.« (Bösch 1995, S.301).

Manche dieser Paare vermitteln sogar den Eindruck eines ehelichen Burnouts (Riehl-Emde 2005), weil beide Partner überfordert sind und spüren, dass sie sich nicht mehr ertragen und auch kein weiteres Verständnis füreinander aufbringen können; sie wirken emotional äußerst distanziert und wissen gleichzeitig, dass sie der Beziehung nicht entrinnen können. Einerseits ist das Verharren in bekannten Positionen einfacher als eine Veränderung; innere Distanzierung kann vor erneuter Enttäuschung schützen. Andererseits kann die begrenzte Lebensperspektive auch Druck erzeugen und eine Veränderung i.S. eines erneuten Sich-Einlassens auf die dyadische Beziehung anstoßen. Es ist ein Schlüsselelement in der Paartherapie, den ehelichen Machtkampf als Ausdruck der Sehnsucht nach Anerkennung und Liebe zu verstehen, die bei Älteren durch die begrenzte Lebenszeit bisweilen verstärkt wird.

Sexuelle Probleme: Zwei recht häufige Konfliktkonstellationen bei jüngeren und auch bei älteren Paaren – zum einen die Polarisierung hinsichtlich sexueller Bedürfnisse, zum anderen die geschlechtstypische Polarisierung in Bezug auf Zärtlichkeit und genitale Sexualität – lassen sich ebenso wie andere Polarisierungen im Rahmen des Kollusionsmodells bzw. lösungsorientiert als Balancierung von Ambivalenzen bearbeiten. Das Problem des für die Lebenszufriedenheit wichtigen »interest-activity-gap«, d.h. des Unterschiedes zwischen sexuellen Wünschen und sexueller Aktivität, wird zwar in der Literatur immer wieder betont, für die nicht repräsentativen Paare in der Paartherapie lässt sich hier jedoch kein spezifisches Problem Älterer rekonstruieren.

Bei älteren Paaren kann die Vermittlung von Informationen über die veränderten Reaktionsmuster von Mann und Frau wichtig sein. Eine knappe Zusammenfassung der aktuellen Befunde zur Sexualität im Alter findet sich bei Peters (2004, S.156ff.). Wird über eine auffällige Reduktion von Zärtlichkeit und Sexualität geklagt, auffällig im Vergleich zur sexuellen bzw. erotischen Beziehungsgeschichte sowie zur Qualität der Paarbeziehung, können aus paardynamischer Sicht folgende Gründe eine Rolle spielen (Jellouschek 1997):

- in Vermeidungsmuster bestehend aus der Angst des Mannes vor seiner nachlassenden Potenz in Kombination mit der Angst der Frau vor ihrer nachlassenden Attraktivität;
- die emotionale Zerrüttung der Beziehung, obwohl beide Partner sexuell interessiert sind;
- zu viele Verletzungen und Kränkungen, so dass die körperliche Nähe nicht mehr zugelassen werden kann;
- Probleme, sexuelle Wünsche auszudrücken bzw. eine schweigende Erwartungshaltung.
- Erkrankungen (auch Medikation) eines Partners oder beider Partner.

Die *zunehmende Bedeutung von Erinnerungen oder sog. »unfinished business«*: einer oder beide Partner setzen sich mit alten Verletzungen in der Ehe auseinander. Es kommt im Alter weitaus häufiger vor als in jüngeren Jahren, dass Paare von der Vergangenheit eingeholt werden, häufig auch als Begleitsymptom einer manifesten oder subklinischen Depression. Wenn dann das Thema der Auseinandersetzung in die Vergangenheit verlegt wird, anstatt die Erinnerungen als Zeichen einer aktuellen Notsituation zu verstehen, können diese eine Paarbeziehung erheblich belasten und Krisen auslösen. Hier kann Paartherapie einen Rahmen zur Verfügung stellen, um über alte Verletzungen zu sprechen, deren Bedeutung im aktuellen Kontext zu verstehen und durch mehr gegenseitiges Verständnis, ernsthaftes Bedauern und Vergeben Entlastung zu schaffen.

Die Paartherapie mit älteren Paaren bezieht sich derzeit auf die Geburtsjahrgänge bis 1946. Unter ihnen befinden sich Personen, die den Nationalsozialismus, die Kriegs- und Nachkriegszeit noch bewusst erlebt haben. Anders als in der psychodynamischen Einzeltherapie (Radebold 2005) kommen diese Themen in der Paartherapie – auch wenn sie vom Therapeuten aktiv angesprochen werden – in der Regel nicht zur Sprache. Die Gründe hierfür sind vielfältig: Zum einen steht die gemeinsame Beziehungsgeschichte mehr im Fokus als die jeweiligen individuellen Vorgeschichten; und die Beziehungen dieser Generation begannen in der Regel erst nach dem Krieg. Offenbar sind dies aber auch Auswirkungen einer gemeinsamen Abwehr von Paaren, die durch das niederfrequente Setting eher noch verstärkt wird.

Trennung/Scheidung: In der Regel wird in der Paartherapie der Fortbestand des zu therapierenden Systems sehr viel leichter in Frage gestellt als dies in der Familien- und Einzeltherapie der Fall ist. Paare im Übergang zum Ruhestand und unmittelbar danach ziehen Bilanz (Soll das alles gewesen sein? Auf diese Art gemeinsam alt werden?), das Trennungsthema ist virulenter und bedrohlicher als mit Anfang 70, wenn Paare in Paartherapie zwar auch noch an Trennung denken, aber weniger konfliktreich, weil die meisten davon ausgehen, diese lohne sich eigentlich nicht mehr. Positiv gesprochen: Loyalität und Zugehörigkeit stellen zentrale Werte dar. Während jüngere Paare sich durchaus im Verlauf einer Paartherapie trennen, haben Ältere die Tendenz, die Paartherapie zu beenden, bevor die Ehe tatsächlich gefährdet ist, auch wenn sie noch so unzufrieden sind.

5. Ausblick

Die Fülle klinischer Konzepte, das bereits jetzt verfügbare breitbandige Know-how und die inzwischen vorliegenden positiven Erfahrungen unterstreichen, dass die Paartherapie mit älteren Paaren eine relevante und interessante Arbeit darstellt. Die meisten der vorgestellten Befunde und Annahmen zur Effizienz der Paartherapie mit älteren Paaren erfüllen jedoch noch nicht die wissenschaftlich wünschenswerten Anforderungen. Daher sind kontrollierte und vergleichende Untersuchungen zu diesem Thema dringend erforderlich.

Literatur

Alexander JF, Holtzworth-Munroe A, Jameson P (1994) The Process and Outcome of Marital and Family Therapy: Research Review and Evaluation. In: Bergin AE, Garfield SL (Hg) Handbook of Psychotherapy and Behaviour Change. 4. Aufl., New York (Wiley & Sons), 595–630.

Bösch J (1995) Paar- und Sexualtherapie mit älteren Menschen. In: Jovic N, Uchtenhagen A (Hg) Psychotherapie mit Älteren. Zürich (Fachverlag), 296–309.

Cierpka M, Reich G, Bauriedl T (1997) Die Doppelstunde. Eine neue Möglichkeit in den Psychotherapie-Richtlinien zur Durchführung von Paar- und Familientherapie. Psychotherapeut 42: 47–50.

Clement U (2004) Systemische Sexualtherapie. Stuttgart (Klett-Cotta).

Evans S (2004) Sex and Death: the Ramifications of Illness and Aging in Older Couple Relationships. Sexual and Relationship Therapy 19: 319–335.

Gurman AS, Kniskern DP, Pinsof WM (2002) Research on the Process and Outcome of Marital and Family Therapy. In: Garfield SL, Bergin AE (Hg) Handbook of Psychotherapy and Behaviour Change. An Empirical Analysis. 3. Aufl., New York (Wiley & Sons), 565–624.

Gurman AS, Fraenkel P (2002) The History of Couple Therapy: A Millennial Review. Fam Process 41: 199–260.

Hahlweg K, Klann N (1997) The Effectiveness of Marital Counseling in Germany: A Contribution to Health Services Research. J of Family Psychology 11: 410–421.

Heuft G, Marschner C (1994) Psychotherapeutische Behandlung im Alter. State of the Art. Psychotherapeut 39: 205–219.

Hirsch RD (1997) Übertragung und Gegenübertragung in der Psychotherapie mit alten Menschen. In: Wenglein E (Hg) Das dritte Lebensalter. Psychodynamik und Psychotherapie bei älteren Menschen. Göttingen (Vandenhoeck & Ruprecht).

Ivey DC, Wieling E, Harris SM (2000) Save the Young – the Elderly have lived their Lives. Ageism in Marriage and Family Therapy. Fam Process 39: 163–175.

Jellouschek H (1997) »Warum hast Du mir das angetan?« Untreue als Chance. München (Piper).

Kaufmann R (1988) Eheschwierigkeiten bei betagten Paaren. In: Uchtenhagen A, Jovic N (Hg) Psychogeriatrie. Neue Wege und Hinweise für die Praxis. Heidelberg (Asanger), 207–217.

Kipp J, Peters M (2005) Praxis der Gruppentherapie mit älteren Menschen – eine Übersicht. Psychotherapie im Alter 5: 11–29.

Lundblad AM, Hansson K (2006) Couples Therapy: Effectiveness of Treatment and Long-Term Follow-Up. J of Family Therapy 28: 136–152.

Maercker A (2003) Alterspsychotherapie. Aktuelle Konzepte und Therapieaspekte. Psychotherapeut 48: 132–149.

Masters WH, Johnson VE (1973) Impotenz und Anorgasmie. Zur Therapie funktioneller Sexualstörungen. Frankfurt (Goverts Krüger Stahlberg).

Orlinsky DE (1994) »Learning from many masters«. Ansätze zu einer wissenschaftlichen Integration psychotherapeutischer Behandlungsmodelle. Psychotherapeut 39: 2–9.

Peters M (2004) Klinische Entwicklungspsychologie des Alters. Grundlagen für psychosoziale Beratung und Psychotherapie. Göttingen (Vandenhoeck & Ruprecht).

Pinsof WM, Wynne LC (1995) The Efficacy of Marital and Family Therapy: An Empirical Overview, Conclusions, and Recommendations. Journal of Marital and Family Therapy 21: 585–610.

Qualls SH (1995) Marital Therapy with Later Life Couples. J of Geriatric Psychiatry 28: 139–163.

Radebold H (1992) Psychodynamik und Psychotherapie Älterer. Heidelberg (Springer).

Radebold H (2005) Die dunklen Schatten unserer Vergangenheit. Stuttgart (Klett-Cotta).

Richman J (1979) A Couples Therapy Group on a Geriatric Service. Journal of Geriatric Psychiatry 12(2): 203–213.

Riehl-Emde A (2002a). Paar- und Familientherapie mit älteren Menschen. In: Wirsching M, Scheib P (Hg) Paar- und Familientherapie. Heidelberg (Springer), 581–597.

Riehl-Emde A (2002b) Paartherapie – warum nicht auch für ältere Paare? Familiendynamik 27: 43–73.

Riehl-Emde A (2005) Eheliches Burn-out – wo sind Lust und Liebe geblieben? Psychotherapie im Alter 2(3): 49–64.

Rosowsky E (1999) Couple Therapy with Long-Married Older Adults. In: Duffy M (Hg) Handbook of Counseling and Psychotherapy with Older Adults. Hoboken NJ (Wiley & Sons), 224–266.

Rowland K F, Haynes S N (1978) A Sexual Enhancement Program for Elderly Couples. Journal of Sex and Marital Therapy 4(2): 91–113.

Scheib P, Wirsching M, Balck F, Geigges W, Kersting A, Kröger F, Schweitzer J, Wälte D, v.Wietersheim J (Redaktionsgruppe) (2000): Leitlinien Paar- und Familientherapie, Version 2.0. Im Auftrag der Konferenz der leitenden Fachvertreter für Psychosomatische Medizin und Psychotherapie an den Universitäten der Bundesrepublik Deutschland und im Einvernehmen mit den Fachverbänden DGPM, DGPT, AÄGP und DKPM. Abteilung für Psychosomatik und Psychotherapeutische Medizin, Universitätsklinikum Freiburg im Breisgau (http://www.awmf-online.de).

Schlesinger-Kipp G, Radebold H (1982) Familien- und Paartherapie im höheren und hohen Lebensalter – eine Literaturübersicht. In: Radebod H, Schlesinger-Kipp G (Hg) Familien- und paartherapeutische Hilfen bei älteren und alten Menschen. Göttingen (Verlag für Medizinische Psychologie bei Vandenhoeck & Ruprecht), 12–41.

Schnarch D (1997) Passionate Marriage: Love, Sex and Intimacy in Emotionally Committed Relationships. New York (Norton)

Schneider G, Heuft G (2001) Gruppenpsychotherapie mit alten Menschen. In: Tschuschke V (Hg) Praxis der Gruppenpsychotherapie. Stuttgart New York (Thieme), 312–318.

Schweitzer J, von Schlippe A (2000) Paartherapie – Gemeinsamkeiten und Unterschiede. Psychotherapie im Dialog 2: 81–83.

Singer Kaplan H (1983) Sexualtherapie. Ein neuer Weg für die Praxis. Stuttgart (Enke).

Snyder DK, Castellani AM, Whisman MA (2006) Current Status and Future Directions in Couple Therapie. Annu Rev Psychol 57: 317–344.

Trudel G, Turgeon L, Piché L (2000) Marital and Sexual Aspects of Old Age. Sexual and Relationship Therapy 15: 381–406.

Wallerstein JS, Blakeslee S (1996) Gute Ehen. Wie und warum die Liebe dauert. Weinheim (Quadriga).

Welter-Enderlin R, Jellouschek H (2002) Systemische Paartherapie – ein integratives Konzept. In: Wirsching M, Scheib P (Hg) Paar- und Familientherapie. Heidelberg (Springer), 199–226.

Wiley D, Bortz M (1996) Sexuality and Aging: Usual and Successful. Journal of Gerontology 51A(3):M142-M146.

Willert A, Semans M (2000) Knowledge and Attitudes about Later Life Sexuality: What Clinicians need to Know about Helping the Elderly. Contemporary Family Therapy 22: 415–455.

Willi J (1986) Die Ehe im Alter in psycho-ökologischer Sicht. Familiendynamik 11: 294–306.

Korrespondenzadresse:
Priv.-Doz. Dr. phil. Astrid Riehl-Emde
Institut für Psychosomatische Kooperationsforschung und Familientherapie
Zentrum für Psychosoziale Medizin, Universitätsklinikum Heidelberg
Bergheimer Str. 54
69115 Heidelberg
E-Mail: *Astrid_Riehl-Emde@med.uni-heidelberg.de*

Balancen zwischen Liebe und Gerechtigkeit in Paarbeziehungen mit einem demenziell erkrankten Partner

Luitgard Franke (Münster)

Zusammenfassung

Solange Berater und Behandler unter dem Eindruck der breiten stresstheoretischen Forschung über pflegende Angehörige allein die Belastungen fokussieren und allein von hieraus ihre Interventionen ableiten, werden sie bei Rat suchenden pflegenden Ehepartnern häufig auf Zurückhaltung gegenüber ihren wohlgemeinten Unterstützungsangeboten stoßen. Auf der Basis empirischen Materials aus einer qualitativen, an der Grounded Theory orientierten Untersuchung zur psychosozialen Beratung für Ehepartner von Demenzkranken wird dargelegt, wie in Beratung und Hilfeplanung zwei grundlegende Orientierungen moderner Paarbeziehungen – Liebe und Gerechtigkeit – als Hintergrundsfolie für die Diagnose und Bewertung der spezifischen Problemlagen pflegender Ehepartner dienen können.

Stichworte: Demenz, Paarbeziehung, psychosoziale Beratung, qualitative Forschung

Abstract: Balances between love and fairness in a relationship with a spouse suffering from dementia

This article discusses the following thesis: As long as counsellors and therapists solely focus on the burden of caring family members and base their interventions only on the broad research of stress, they will be faced with unresponsiveness from caring spouses who are looking for advice. A qualitative study based on the Grounded Theory and empirical materials are used to show how two basic principles of modern relationships – love and fairness – can be used as a backdrop to diagnose and evaluate the situations of caring spouses.

Key words: dementia, relationships, psychosocial counselling, qualitative research

Einleitung

Sie sind eine echte Herausforderung für Berater und Behandler: Ehepartner von demenziell erkrankten Menschen gelten durch die häusliche Pflege als stark belastet und gleichzeitig als ausgesprochen zurückhaltend gegenüber Unterstützungsangeboten (Murray & Livingstone 1998, O'Connor 1999). Aus diesem Grund ist es besonders in der psychosozialen Angehörigenberatung wichtig, die Spezifika einer ehelichen Pflegekonstellation explizit zu berücksichtigen.

Ausgehend von einer Fallvignette erörtere ich in dem vorliegenden Beitrag, wie in Beratung und Hilfeplanung zwei grundlegende Orientierungen moderner Paarbeziehungen – Liebe und Gerechtigkeit – als Hintergrundsfolie für die Diagnose und Bewertung der Problemlagen pflegender Ehepartner dienen können.

Die Fallanalyse stammt aus einer explorativen Studie von 18 Fällen, in denen die Beratung von Ehegatten Demenzkranker mit einem qualitativen, an der Grounded Theory (Strauss & Corbin 1996, Strauss 1998, Glaser & Strauss 1998) orientierten Forschungsansatz ausgewertet worden ist (Franke 2006). Der Komplex »Liebe und Gerechtigkeit« bildete zusammen mit drei weiteren Themenkategorien das thematische Feld, in dem sich die pflegenden Ehegatten in den Beratungsgesprächen mit den Veränderungen ihrer Ehebeziehung auseinandersetzten. Die Hauptergebnisse der Studie im Überblick:

1. Die Demenz erzeugt eine tief greifende Ehekrise und daraus folgend eine Krise der Lebensentwürfe der Betroffenen. Die Krisenphänomene erschüttern Grundpfeiler von Paarbeziehungen:
   - Gefährtenschaft und Intimität,
   - Loyalität und Vertrauen,
   - Souveränität, Gleichberechtigung, Macht und Alltagsorganisation und
   - Balance von Gerechtigkeit und Liebe.

2. Die Veränderungen der Paarbeziehung lassen sich als inkomplette Statuspassage[1] (van Gennep 1908, 1960, Bliezner & Shiftlett 1990) verstehen im Sinne einer Kippfigur, bei der für die Wahrnehmung alltäglicher Situationen wechselnd der Rahmen (Goffman 1977) einer Ehebeziehung und der Rahmen einer Pflegebeziehung dominant wird.

Fallvignette

Frau R. kommt in Begleitung ihres Sohnes in die Angehörigenberatungsstelle des Gerontopsychiatrischen Zentrums. Der Ehemann ist 76 Jahre alt, seit etwa 15 Jahren nach einem Schlaganfall pflegebedürftig und hat im Laufe der letzten Jahre eine Demenz entwickelt.

Der Sohn führt in seinem Anfangsstatement aus, es müsse jetzt etwas geschehen, weil »das Nervenkostüm meiner Mutter nicht mehr lange hält. Darüber sind wir einig«. Man möchte an dieser Stelle sofort fragen, worüber die beiden denn nicht einig sind. Und genau diese Unterschiedlichkeit der Wahrnehmungen und Interessen charakterisiert diesen Fall. Der Sohn beschreibt zunächst ausführlich die Belastungen, die er bei seiner Mutter feststellt. Der Vater weiche nicht mehr von ihrer Seite, »sie kann eigentlich nur noch alleine zur Toilette gehen«. Sie gebe ihm kleine Aufträge, »er hat seine sechzehn Aufträge«, Mülleimer wegbringen und ähnliches, die er auf Aufforderung hin erledige. »Dann steht er ihr wieder im Rücken«. Kritisch sei es, dass er neuerdings auch nachts nicht mehr durchschlafe und dann umherirre. Frau R. bestätigt auf Nachfrage alle Punkte, die ihr Sohn beschrieben hat.

Der Sohn spricht dann über die Schwierigkeiten, den Vater zum Besuch einer Tagespflege oder ähnlichem zu motivieren. Man könne es ihm nur nahe bringen, wenn er den Aufenthalt dort als eine medizinisch indizierte Behandlung betrachten könne. Der Sohn: »Da muss ein ›Weißkittel‹ sein, der ihn dreimal mit dem Stethoskop abhört und ihm dann sagt: ›Das und das machen wir jetzt!‹« Frau R. wirft ein, ihr Mann könne, wenn überhaupt, nur die Tagespflege im Gerontopsychiatrischen Zentrum akzeptieren, da er das Haus aus früheren Zusammenhängen her kenne und schätze.

---

1 Bliezner & Shiftlet (1990) argumentieren, im Fall von Scheidung oder Tod werde eine Paarbeziehung mit sichtbaren Markern wie Scheidungsurkunde oder Begräbnis in einen neuen Status überführt. Eine Demenz bewirke ebenfalls nachhaltige Veränderungen des Status der Beziehung, doch fehlten hier die sichtbaren Marker. Deshalb handele es sich im Falle der Demenz um eine inkomplette Statuspassage im Sinne von van Gennep (1908, 1960).

Im weiteren Verlauf der Beratung werden verschiedene Hilfemöglichkeiten durchgespielt (Tagesklinik, Tagespflege, häuslicher Betreuungsdienst). Der Sohn bevorzugt die »großen Lösungen«, Tagespflege oder Tagesklinik, während seine Mutter, die ansonsten wenig in dem Gespräch sagt, hier sehr deutlich zu verstehen gibt, dass sie beides zur Zeit noch nicht möchte. So belastet sei sie nicht. Auf den Vorschlag, ihren Mann einmal in der Woche in eine ambulante Ergotherapiegruppe für Demenzkranke zu schicken, reagiert sie dagegen sofort positiv: »Die ambulante Gruppe, das ist das Richtige. Da hab' ich nicht das Gefühl, dass ich ihn abschiebe.« Einige Tage später meldet sich Frau R. telefonisch und berichtet, ihr Mann sei sehr motiviert, an der Ergotherapie teilzunehmen. Sie möchte ihn deshalb möglichst rasch dort anmelden.

Kommentar zur Fallvignette

Deutlich lässt sich in dieser Beratungssequenz die Interaktion zwischen Mutter und Sohn nachzeichnen. Der Sohn beobachtet seit Jahren, wie belastet seine Mutter ist, und er möchte, dass es ihr besser geht. Er dominiert mit seinen Redeanteilen das Gespräch und macht den Eindruck, dass er jetzt durchgreifen und Lösungen in die Tat umsetzen will. Seine Mutter lässt ihm sehr viel Raum, seine Einschätzungen und Vorstellungen ausführlich darzustellen. Sie bestätigt die eigene Belastung, verfolgt aber sonst weitgehend passiv die Überlegungen zu verschiedenen Hilfe- und Entlastungsmöglichkeiten. Wenn die Dinge allerdings in eine Richtung laufen, die ihr nicht zusagt, interveniert sie deutlich, etwa bei der Idee, den Mann in tagesklinische Behandlung einweisen zu lassen. Die Entscheidungen, die in diesem Gespräch fallen, werden ohne Ausnahme von ihr getroffen. Sie sagt, was nicht passieren soll (Tagesklinik, häuslicher Betreuungsdienst) und was geschehen soll (ambulante Ergotherapie, weitere Beratung zu Pflegeversicherungsfragen). Zu der Option Tagespflege gibt sie eine bedingte Zustimmung, indem sie ihren Mann auf die Warteliste setzen lässt, ohne dass diese Option wegen der längeren Wartezeit in allernächster Zeit konkret für sie werden wird.

Ein zweites Charakteristikum dieser Beratung sind die grundlegend unterschiedlichen Wahrnehmungen desselben Sachverhaltes. Für den Sohn ist der Vater ein Faktor, der zum Zweck der Entlastung der Mutter zumindest zeitweise irgendwo anders hin verschoben werden muss. Er schätzt nüchtern ein, dass der Vater aufgrund seiner Demenz nur sehr eingeschränkt in der Lage ist, die Situation angemessen zu beurteilen. Deshalb steht es für ihn nicht zur Diskussion, ihn in die Entscheidung über mögliche Problemlösungen einzubeziehen. Er denkt ganz zweckrational darüber nach, wie das »Objekt Vater« manövriert werden kann. Er kalkuliert dabei durchaus Widerstände des Vaters ein, doch nicht in einer Weise, solche Widerstände durch Überzeugungsarbeit zu beseitigen, sondern sie durch geschicktes Taktieren außer Kraft zu setzen. In diesem utilitaristischen Kalkül ist es für ihn legitim, den Vater zu manipulieren, indem man seinen Autoritätsglauben gegenüber Ärzten nutzt und ihn auf diese Weise für den Besuch einer Tagespflegeeinrichtung motiviert.

Diese Gedanken laufen völlig konträr zu den Bestrebungen der Ehefrau. Von sich aus ergreift sie fünfmal das Wort: einmal, um mitzuteilen, dass ihr Mann von ihrem Besuch in der Beratungsstelle weiß und damit einverstanden ist; einmal, um darzulegen, dass er das Gerontopsychiatrische Zentrum kennt und schätzt und deshalb – wenn überhaupt – nur hier eine Tagespflege besuchen würde; ein weiteres Mal, um noch einen weiteren Termin zu vereinbaren, bei dem sie sich über die Pflegeversicherung informieren will, und zweimal, um ihrer Erleichterung Ausdruck zu geben, dass sie mit der gefundenen Lösung der ambulanten Ergotherapie nicht das Gefühl haben muss, ihren Mann *»abzuschieben«*.

Sie betont, ihren Mann in die notwendigen Entscheidungen einzubinden. Sie erwähnt eigens, ihr Mann wisse von ihrem Besuch in der Beratungsstelle. Damit demonstriert sie ihre Loyalität ihm gegenüber, sie will nichts hinter seinem Rücken tun. Sie unterstreicht damit auch, dass sie im Einvernehmen mit ihm, gewissermaßen stellvertretend für das Paar handelt. Und sie zeigt, dass sie – anders als ihr Sohn – ihren Mann nicht als Objekt betrachtet. Sie führt ihn als Subjekt in das Gespräch ein, als Individuum, das mit einer Handlung einverstanden ist, also über einen Willen und Entscheidungsfreiheit verfügt. Ähnlich wie viele andere Ehegatten in den ausgewerteten Fällen will auch sie die notwendigen Entscheidungen gemeinsam mit dem kranken Gatten treffen. Anders als der Sohn, der den Vater auf dem Wege einer Manipulation zum Besuch der Tagespflege bringen will, überlegt sie, ihren Mann mit einem Argument zu motivieren, von dem sie annimmt, dass er es akzeptieren kann. Konsequent organisiert sie die ergotherapeutische Behandlung auch erst in einem Telefonat einige Tage nach der Beratung, nachdem sie mit ihrem Mann darüber gesprochen und seine Zustimmung erhalten hat.

Sie selbst präferiert die ambulante Ergotherapie deshalb, weil sie dabei nicht das Gefühl hat, »ihn abzuschieben«. Diese Sorge, die von vielen Ehegatten zu hören ist, drückt ihre Loyalität zum erkrankten Partner aus und zeigt die Loyalitätskonflikte, in die sie durch die Demenz geraten können. Nach den obigen Überlegungen bekommt sie jedoch eine weitere, spezielle Bedeutung. Abschieben, verschieben, hin und her manövrieren, das tut man mit einer Sache. Das entspricht dem zweckrationalen Herangehen des Sohnes. Sie aber möchte ihren Mann nicht als Sache verstanden wissen, sondern daran festhalten, dass er ein Subjekt ist. Mit diesem Festhalten tut sie auch etwas für sich selbst. Sie stellt damit sicher, selbst noch Teil eines Paares zu sein, denn ein Paar kann nur aus zwei Subjekten bestehen, nicht aus einem Subjekt und einem Objekt. So gesehen muss sie das zweckrationale Betrachten der Situation auch um ihrer selbst willen zurückweisen.

Aus Sicht des Sohnes ist das Beratungsgespräch wenig erfolgreich verlaufen. Der einmal wöchentlich geplante Besuch des Vaters in der Ergotherapie wird, rein zeitlich gesehen, gewiss keine nachhaltige Entlastung der Mutter bewirken können. Der Sohn hat für die Bewertung des Beratungserfolges die Mutter als Individuum vor Augen, ihr Recht auf Erholung, ihren Anspruch darauf, neben der Betreuung des kranken Ehemannes noch eigene Interessen verfolgen zu dürfen, ihr Anrecht auf ihr eigenes Leben. Die Mutter dagegen bemisst den Erfolg nicht an ihrem individuellen Recht, sondern daran, ob die geplanten Maßnahmen die Beziehung zu ihrem Mann, die Paarbeziehung und damit auch den eigenen Lebensentwurf, in einer Ehe zu leben, gefährden könnten. Der Sohn stellt indirekt die Frage danach, wie viel einseitiges Engagement in einer Beziehung gerecht ist. Die Mutter fragt, wie viel Einsatz die Bindung an einem Menschen bzw. die Liebe fordert. Mutter und Sohn verweisen hier mit ihren unterschiedlichen Fragestellungen und Bewertungssystemen auf zwei unterschiedliche Auffassungen von Paarbeziehungen. Es handelt sich um die Orientierung an Gerechtigkeit auf der einen und die Orientierung an Liebe auf der anderen Seite.

Gerechtigkeit und Liebe

Axel Honneth (1995) bietet einen Interpretationsrahmen für Gerechtigkeitsfragen in der Ehe, indem er die Eheauffassungen von Kant und Hegel gegenüberstellt. Für Kant ist die Ehe eine Beziehung, deren innerster Kern ein

Vertrag zwischen zwei autonomen Subjekten ist.[2] Hegel hält dem entgegen, die Vorstellung der Ehe als ein Vertrag gehe am Kern dieser Beziehung vorbei. Liebe und gegenseitige Beihilfe sind für Hegel die zentralen Merkmale der Ehe.[3] Honneth bezeichnet Kants Auffassung als Rechtsmodell, Hegels Vorstellung als Gefühlsmodell. Im Rechtsmodell von Kant stehen Rechte und Pflichten im Vordergrund, im Gefühlsmodell von Hegel das Gewähren von Fürsorge und Zuwendung. Bezogen auf die Gerechtigkeitsfrage in Ehen gilt in der Logik des Rechtsmodells als gerecht, was auch außerhalb der Familie als Prinzip der moralischen Autonomie gilt: Gerecht sind die Handlungen, die die moralische Autonomie des Anderen respektieren oder ihr zur Durchsetzung verhelfen. Nach dem Hegel'schen Gefühlsmodell sind Handlungen und Einstellungen gerecht, die der individuellen Bedürfnislage des einzelnen Familienmitgliedes angemessen zur Erfüllung verhelfen. Das Gefühlsmodell kann zu einer Einschränkung der individuellen Autonomie führen. Um den Bedürfnissen des anderen »gerecht« zu werden, kann es erforderlich sein, auf die Verwirklichung der eigenen Interessen oder Lebenspläne zumindest zeitweise zu verzichten.

---

2 Die Begründung für die Notwendigkeit einer derartigen Vertragskonstruktion ergibt sich aus den Prämissen, die Kants Begriff der moralischen Autonomie zugrunde liegen: In einer sexuellen Beziehung machen sich beide Partner wechselseitig zu Objekten ihrer Begierden. Dies ist mit den »Rechten der Menschheit« unvereinbar, und kann nur hingenommen werden, wenn die beiden sich wechselseitig als »Sache« erwerben, weil sie sich beide als autonome Vertragspartner konstituieren und ihre »Persönlichkeit« so wiederherstellen. Damit ist die Gefahr der gegenseitigen Instrumentalisierung gebannt. Im Hintergrund der Kant'schen Vorstellung findet sich eine alttestamentarische Rechtfertigung der Ehe als einer von Gott geschaffenen sozialen Einrichtung, die den Menschen die Befriedigung ihrer natürlichen Bedürfnisse ermöglicht (vgl. Honneth 1995, S. 995).

3 Honneth skizziert Hegels Auffassung wie folgt: In einem Vertrag beziehen sich die Partner nur negativ aufeinander, indem sie jeweils gegenüber dem anderen auf ihren Rechten bestehen. Eine Ehe aber zeichnet sich dadurch aus, dass die individuellen Wünsche und Bedürfnisse nicht in Form von Ansprüchen eingeklagt werden müssen, sondern auf dem Weg der »gegenseitigen Liebe und Beihilfe« (vgl. Hegel, Rechtsphilosophie, §164) zur Erfüllung gelangen. Im Hintergrund der Hegel'schen Vorstellung findet sich ein weiterer christlicher Traditionsbestand, der nicht an der Gefahr der sexuellen Lust ansetzt, sondern an der moralischen Qualität der emotionalen Beziehung. Danach entsteht in der Ehe etwas vollkommen Neues in der Welt, indem die wechselseitige Liebe zu einer Verschmelzung führt, die am Ende aus zwei Menschen eine höherstufige Einheit werden lässt (vgl. Honneth 1995, S. 995f).

Semantik der Liebe und Semantik der Partnerschaft

Ohne sich auf Kant oder Hegel zu beziehen, denkt Cornelia Koppetsch (2001) in eine ähnliche Richtung in ihrer soziologischen, dem Symbolischen Interaktionismus nahe stehenden Arbeit über Liebe und Partnerschaft. Zentrale soziologische Studien zur Semantik[4] der romantischen Liebe stellen die Gegensätzlichkeit von Liebe und Partnerschaft heraus. Die Liebessemantik besagt, dass sich aus Liebe keine Ansprüche ableiten lassen. Liebe, so Koppetsch, könne nicht moralisch, vernünftig oder durch Verdienst begründet werden. Sie sei nur als freiwillige, spontane, d.h. völlig unbedingte Gabe denkbar. »Sie scheint aus der Ökonomie gesellschaftlicher Tauschrelationen ausgenommen, überschreitet gewissermaßen den Horizont des Sozialen. Sie beruht nicht auf Berechnung, auch nicht auf Verpflichtung, sondern auf Verausgabung, auf der Bereitschaft, einem anderen unter Ausschluss anderer alles zu geben, d.h. auf der bedingungslosen und freiwilligen Hingabe. Je größer dabei das individuelle Opfer, desto größer wird im Allgemeinen die Liebe eingeschätzt. Das Opfer fungiert gemäß dem Code der romantischen Liebe deshalb als eine Art Bewährungsprobe für die Liebenden, als Liebesbeweis.« (Koppetsch 2001, S. 221). Auf der Ebene der praktischen Umsetzung folgt die Liebe – so lautet die These von Koppetsch – der Austauschlogik des Gabentausches (vgl. Mauss 1989).[5] »Die Liebenden – so will es der Code der romantischen Liebe – drängt es beständig zur Hingabe, zum Geben, zu Gesten der Zuneigung und Aufmerksamkeit und zur Übernahme von Verantwortung ohne Berechnung« (Koppetsch 2001, S. 223). Dennoch erfolge das Geben nicht ohne die mehr oder weniger bewusste Erwartung einer Gegengabe. Doch im Gegensatz zum Äquivalenztausch komme es nicht auf die Aufrechnung des Wertes der Gaben an, es gebe auch keine

---

4 Die Semantik ist die Lehre von Sinn und Bedeutung komplexer Begriffe

5 Koppetsch erklärt, sie verwende den Begriff nicht umfassend wie Mauss, der den Gabentausch als sphärenübergreifendes, alle gesellschaftlichen Bereiche durchdringendes Vergesellschaftungsprinzip zwischen Kollektiveinheiten auffasst, mit wirtschaftlichen, sozialen, religiösen und magischen Funktionen. Sie begreife Gabentausch als eine auf persönliche Beziehungen beschränkte Form des Austausches zwischen Individuen. Für moderne Gesellschaften sei, im Unterschied zu archaischen Kulturen, das Prinzip des Gabentausches nur noch für die Bereiche diffuser, informeller und persönlicher Beziehungen relevant, während sich in den gesellschaftlichen Funktionssystemen eher vertrags- oder marktorientierte Formen des Austausches ausdifferenziert hätten. Die Funktion des Schenkens reduziere sich deshalb auf das Eingehen und die Aufrechterhaltung persönlicher Beziehungen (vgl. Koppetsch 2001, S. 223).

Möglichkeit, die Gegengabe einzuklagen. Der Gabentausch werde von Gefühlen der Zuneigung und Dankbarkeit begleitet, welche die Zeit zwischen Gabe und Gegengabe, gleichsam in Form eines emotionalen Platzhalters überbrückten. Das funktioniere, weil die Gabe mit der Persönlichkeit des Gegenden symbolisch verbunden ist. Die gegebene Sache oder der erwiesene Gefallen sei nicht nur ein »Ding an sich«, sondern ihr hafte eine Spur des Gebenden an. Mauss bezeichnet diesen Aspekt als den »Geist der gegebenen Sache«. Simmel spricht von Dankbarkeit als Platzhalter der Gegengabe (Simmel 1983, S. 214; zit. nach Koppetsch 2001, S. 224).

In der Partnerschaftssemantik dagegen liege der Akzent auf der unmittelbaren Reziprozität und dem Primat individueller Interessen gegenüber der blinden Investition in die gemeinsame Bindung. Partnerschaft sei nicht symbiotische Einheit (in Abgrenzung zur romantischen Liebe), sondern ein Kommunikationszusammenhang zweier autonomer Individuen, die zwecks Maximierung ihrer individuellen Gewinne in einem Austauschverhältnis miteinander stehen (Giddens 1992, S. 63; zit. nach Koppetsch 2001, S. 221f.). In der Austauschlogik der Partnerschaft gehe es um Rationalisierung des Austausches, Sicherstellen der Wechselseitigkeit von Rechten und Pflichten, Herstellen von Gerechtigkeit und Abbau von Asymmetrien (Koppetsch 2001, S. 225).

Implikationen für die psychosoziale Beratung pflegender Ehegatten

Honneth wie Koppetsch gehen davon aus, dass beide Auffassungen – Rechts- und Gefühlsmodell bzw. Partnerschafts- und Liebessemantik – in modernen Paarbeziehungen nebeneinander existieren und in einem Spannungsverhältnis zueinander stehen, das stetige Balancierungsleistungen zwischen den beiden Polen notwendig macht (Honneth 1995, S. 999ff., Koppetsch 2001, S. 237f.).

Wenn eine Demenz in einer alten Paarbeziehung auftritt, dann werden diese Balanceakte auf eine harte Probe gestellt. Das, was zentral in jeder engen emotionalen Beziehung zwischen zwei Menschen ist – wechselseitige Zuwendung, Unterstützung und Fürsorge – gerät mit dem Fortschreiten der Demenz zunehmend zum einseitigen Engagement des gesunden Partners. Die Pflege des Kranken kann sich »imperialistisch« (Pearlin et al. 1990,

S. 583) soweit ausdehnen, dass sie das Wesen der Beziehung vollständig in Besitz nimmt.

Orientiert sich der pflegende Ehegatte dabei gedanklich im Bereich der Liebessemantik bzw. am Gefühlsmodell Hegels, sind in seinem Engagement für den kranken Lebensgefährten Hingabe und Verausgabung angelegt. Es sind dann gerade die Belastungen, die Opfer und das »Ungerechte«, das die pflegenden Ehegatten auf sich nehmen, was nach dem Code der romantischen Liebe als Liebesbeweis bzw. was in Hegels Modell unter Umständen als gerecht gilt.

Bewegt sich der pflegende Partner gedanklich im Bereich der Partnerschaftssemantik bzw. des Kant'schen Rechtsmodells, dann ist es für Berater wesentlich zu berücksichtigen, dass Gerechtigkeit nicht nur im Hier und Jetzt verankert ist. Gerade in langjährigen Beziehungen mit reichhaltiger gemeinsamer Geschichte fließen unsichtbare Kontoführungen über die vergangenen Investitionen in die Beziehung (Boszormenyi-Nagy & Spark 2001) in die Beurteilung dessen ein, was heute als gerecht angesehen wird (vgl. auch austauschtheoretische Modelle von Paarbeziehungen, u.a. Thibaut & Kelley 1959). Mit der Equity-Theorie (Walster et al. 1978) lässt sich argumentieren, dass der Einsatz für den erkrankten Gatten nicht nur mit seiner aktuellen Bedürftigkeit begründet, sondern ggf. als Wiedergutmachung für seine früheren Leistungen betrachtet wird. Weiterhin wesentlich für die Beurteilung der Ausgeglichenheit von Geben und Nehmen sind die nicht unmittelbar sichtbaren und deshalb schnell vergessenen Aktiva, die der Demenzkranke noch heute in die Beziehung einbringt. Insbesondere so genannte Commodities sind hier zu bedenken. Es handelt sich um Güter, die nur innerhalb enger Beziehungen produziert und konsumiert und nicht beliebig auf dem Markt erworben werden können, wie etwa Zuwendung, Liebe, Anerkennung, Sinnesfreuden, Erholung (Becker 1976). Nach Beckers Ansatz setzen Paare bei defizitären Nutzenströmen Anpassungsprozesse in Gang, indem sie durch die Umverteilung von Commodities Ausgleichszahlungen zwischen den Partnern erzielen. Für das Verständnis der Situation der Paare wäre es wichtig mehr darüber zu wissen, wie die dementen und gesunden Partner solche Transfers von Commodities vornehmen und wie möglicherweise Commodities dabei unter den Bedingungen der Demenz neu bewertet werden. Hier gibt es aus Sicht der Angehörigenberatung Forschungsbedarf.

Ausblick

Solange Berater und Behandler unter dem Eindruck der breiten stresstheoretischen Forschung über pflegende Angehörige allein die Belastungen fokussieren und allein von hieraus ihre Interventionen ableiten, werden sie – das ist meine These – auf die eingangs beschriebene Zurückhaltung gegenüber ihren wohlgemeinten Unterstützungsangeboten stoßen. Das Motiv, die Paarbeziehung zu retten, hat für viele pflegende Ehepartner eine derartige Priorität, dass Irritationen in Kauf genommen und Belastungen lange ertragen werden. Pflegende Ehepartner widersetzen sich dem Versuch, von professionellen Helfern als belastete Einzelperson betrachtet zu werden. Sie widersetzen sich auch einem zweckrationalen Vorgehen, bei dem der kranke Partner gewissermaßen als Stressor, als Verursacher ihrer Belastung, betrachtet wird und dann in dieser Logik wie ein Objekt behandelt werden soll, indem er zum Beispiel zeitweise in eine Tagespflege manövriert wird. Erst wenn die Spezifika der ehelichen Pflegekonstellation in der Beratung erkannt und auch gegenüber den Ratsuchenden anerkannt werden, wird es möglich sein, Lösungen und Hilfeangebote zu entwickeln, die nicht für den einzelnen pflegenden Ehepartner, sondern für das Paar passend sind; Lösungen, die vor allem den Subjektstatus des demenziell erkrankten Partners nicht in Gefahr bringen. Von dieser Warte aus kann dieselbe Maßnahme – um das oben gewählte Beispiel aufzugreifen, die Aufnahme in einer Tagespflege – als gleichermaßen wohltuend für den erkrankten wie für den pflegenden Partner wahrgenommen werden und kann dann ein sinnvoller Lösungsansatz für das Paar werden.

Literatur

Becker GS (1976) The economic approach to human behavior. Chicago (University of Chicago Press).

Blieszner R, Shiftlett PA (1990) The effects of Alzheimer's disease on close relationships between patients and caregivers. Family Relations 39: 57–62.

Boszormenyi-Nagy I, Spark GM (2001) Unsichtbare Bindungen. Die Dynamik familiärer Systeme. Stuttgart (Klett-Cotta).

Franke L (2006) Demenz in der Ehe. Über die verwirrende Gleichzeitigkeit von Ehe- und Pflegebeziehung. Eine Studie zur psychosozialen Beratung für Ehepartner von Menschen mit Demenz. Frankfurt a. M. (Mabuse-Verlag).

Giddens A (1992) Transformation of intimacy. Cambridge (Polity Press).

Glaser BG, Strauss AL (1998) Grounded Theory. Strategien qualitativer Forschung. Bern (Huber).
Goffman E (1977) Rahmen-Analyse. Ein Versuch über die Organisation von Alltagserfahrungen. Frankfurt a. M. (Suhrkamp).
Honneth A (1995) Zwischen Gerechtigkeit und affektiver Bindung. Die Familie im Brennpunkt moralischer Kontroversen. Deutsche Zeitschrift für Philosophie, 43, 6: 989–1004.
Koppetsch C (2001) Die Pflicht zur Liebe und das Geschenk der Partnerschaft: Paradoxien von Paarbeziehungen. In: Huinink J, Strohmeier KP, Wagner M (Hg) (2001) Solidarität in Partnerschaft und Familie. Zum Stand familiensoziologischer Theoriebildung. Würzburg (Ergon Verlag), 219–240.
Mauss M (1989) Die Gabe. Form und Funktion des Austauschs in archaischen Gesellschaften. In: Ders. (Hg) (1989) Soziologie und Anthropologie, Band 2, Frankfurt a. M. (Fischer).
Murray J, Livingstone G (1998) A qualitative study of adjustment to caring for an older spouse with psychiatric illness. Aging and Society 18: 659–671.
O'Connor DL (1999) Living with a memory-impaired spouse: (Re)cognizing the experience. Canadian Journal on Aging 18, 2: 211–235.
Pearlin LI; Mullan JT; Semple SJ; Skaff MM (1990) Caregiving and the stress process: an overview of concepts and their measures. The Gerontologist, 30, 5: 583–594.
Simmel G (1983) Dankbarkeit. Ein soziologischer Versuch. In: Dahme JJ, Rammstedt O (Hg) (1983) Schriften zur Soziologie. Frankfurt a. M. (Suhrkamp), 210–218.
Strauss AF (1998) Grundlagen qualitativer Sozialforschung. München (Fink, UTB Wissenschaft).
Strauss AF, Corbin JM (1996) Grounded Theory. Grundlagen qualitativer Sozialforschung. Weinheim (Beltz Psychologie Verlags Union).
Thibaut, JW, Kelley HH (1959) The social psychology of groups. New York (Wiley).
Van Gennep A (1908, 1960) The rites of passage. Chicago (University of Chicago Press).
Walster E; Walster GW, Berscheid E (1978) Equity: theory and research. Boston (Allyn & Bacon Inc.).

Korrespondenzadresse:
Dr. Luitgard Franke
Alexianer Krankenhaus Münster
Gerontopsychiatrisches Zentrum
Josefstr. 4
48151 Münster
E-Mail: *l.franke@alexianer.de*

»Dann komm ich noch mal ins Bett ...«: Paarbeziehung, Sexualität und Körpererleben bei älteren Paaren

Anette Bruder & Astrid Riehl-Emde (Heidelberg)

Zusammenfassung:

Im Mittelpunkt des Beitrags steht eine 11 Sitzungen umfassende Paartherapie mit einem älteren Paar (62 und 71 Jahre alt). Das therapeutische Vorgehen orientierte sich an den Entwicklungsaufgaben im Lebenszyklus und an der Flexibilisierung kollusiver Beziehungsmuster. Gegen Ende der Paartherapie wurde mit dem Paar ein Forschungsinterview zu Körpererleben und Sexualität geführt. Dieses Interview wurde transkribiert und inhaltsanalytisch ausgewertet; es veranschaulicht die Paardynamik und die Ressourcen des Paares.

Stichworte: Paartherapie für ältere Paare, Einzelfall, Körpererleben, Sexualität

Abstract: »Then, I return to bed once again ...«: Couple relationship, sexuality and body experiencing with older couples

Focus of the article is a couple therapy comprising 11 sessions with an older couple (62 and 71 years old). The therapeutic approach is guided by the developmental challenges arising in a life cycle and the flexibilization of collusive relationship patterns. At about the end of the therapy a research interview as to body experiencing and sexuality was carried on with the couple. This interview has been transcribed and evaluated analytically as to the contents; it illustrates the couple dynamics and the resources of the couple.

Key words: couple therapy with long-married older adults, single-case-study, body experience, sexuality

Einleitung

Im Dokumentarfilm »Grey Sex«, produziert 1996 von Nigel Evans für die BBC, sprechen zwei Frauen, beide Mitte 70, über die Bedeutung der körperlichen Berührung im Alter:

Weibliche Stimme 1: »Wie man sich berührt und gegenseitig hält, das ist etwas, glaube ich, was alte Menschen sehr vermissen. Die körperliche Gegenwart, Berührung. Den meisten erscheint es absolut unnötig, einen alten Menschen zu berühren oder zu liebkosen.«

Weibliche Stimme 2: »Wir alle fühlen uns in unserem Innersten jung. Frauen sagen ›Ich fühle mich noch wie 20 oder 30‹. Das, was man selbst als gutes Alter empfindet. Man fühlt sich immer noch so, dann sieht man sich im Spiegel oder in einem Schaufenster und es ist ein richtiger Schock. Da steht man nun, jung, in einem alten runzligen, verwelkten Körper gefangen. Es schreckt einen richtig davon ab, mit anderen Menschen zusammen zu sein. Dieses: Wie kann ich noch eine Beziehung haben? Wer könnte meinen Körper mögen?«

Diese beiden Zitate beschreiben eindrucksvoll, wie wichtig der Körperkontakt im Alter bleibt und welche Hemmungen der alternde Körper auslösen kann. Unabhängig vom Alter lässt sich die körperliche, erotische Anziehung als Brücke zwischen zwei Menschen verstehen; in diesem Zusammenhang spricht der Zürcher Jungianer Guggenbühl-Craig (1999) von einer »Eselsbrücke der Liebe«. Im Altern werde nun diese Brücke instabiler und brüchiger. Einerseits werde die Liebe zwischen älteren Menschen dadurch zwar erschwert, andererseits, so lautet die optimistische These Guggenbühl-Craigs, werde die Liebe des alten Menschen dadurch sogar großartiger und beeindruckender als die Liebe zwischen jungen Menschen, weil sie nicht von ästhetischen und biologischen Faktoren unterstützt werde. Genauso wie in anderen Lebensphasen kann die Liebe im Altern natürlich auch vergehen. Wenn sie nicht vergeht, müssen nicht nur Ambivalenzen ausgehalten werden, die auch jüngere Paare beschäftigen, sondern sie wird zusätzlich auch noch mit altersspezifischen Themen belastet. Um das Spannungsfeld zwischen Liebe, Sexualität, Körper und Alter geht es in der vorliegenden Arbeit.

Das Thema »Sexualität und Körpererleben« wurde wegen seiner Relevanz für den Prozess des Alterns der 11. Wissenschaftlichen Arbeitstagung

Gerontopsychosomatik und Alterspsychotherapie in Münster im Februar 2006 vorangestellt. Der vorliegende Beitrag beinhaltet die Falldarstellung eines Paares, das im Hinblick auf eine Präsentation anlässlich dieser Tagung ausgewählt wurde, weil die beiden Partner im Erstgespräch ihrer Paartherapie erklärt hatten, die gemeinsame Sexualität sei unproblematisch. Diese kam in der 11 Sitzungen umfassenden Paartherapie dann auch relativ wenig zur Sprache. In der Abschlussphase der Therapie erklärten sich beide bereit, an einem Forschungsinterview über »Sexualität und Körpererleben« teilzunehmen, das als Ausgangsmaterial für die folgende Darstellung dient.[1]

Material und Methode

Die Eheleute wurden zunächst jeweils einzeln und an einem weiteren Tag gemeinsam anhand vorbereiteter Leitfragen zum Thema Körpererleben und Sexualität befragt. Darüber hinaus füllten sie unabhängig voneinander den Fragebogen zum Körpererleben (FBeK, Strauß & Richter-Appelt 1996) aus. Die Auswertung der Interviews erfolgte durch Transkription und anschließende qualitative Inhaltsanalyse der Texte nach Mayring (2003). Außerdem liegen ausführliche Stundenprotokolle, Videoaufzeichnungen und ausschnittsweise Transkripte der meisten paartherapeutischen Sitzungen vor.

Fallbeispiel – Anmeldung, Erstgespräch und Therapieverlauf

*Herr und Frau H. kennen sich seit 23 Jahren und sind seit 18 Jahren jeweils in zweiter Ehe verheiratet. Er ist zu Therapiebeginn 71 Jahre alt (*1934), ehem. Bauingenieur und Geschäftsführer; sie ist 62 Jahre alt (*1943), ehem. Chefsekretärin. Zum Zeitpunkt des Kennenlernens war er 48, sie 39 Jahre alt. Beide verfügen über positive Vorerfahrungen mit Einzelpsychotherapie, jeweils beansprucht zur Bewältigung der Scheidung nach erster Ehe. Von einem partnerschaftlichen Kommunikationstraining 1 1/2 Jahre vor Beginn der Paartherapie hätten beide jedoch nicht profitiert.*

Die Anmeldung zur Paartherapie erfolgte durch die Ehefrau, die am Telefon berichtete, ihr Mann sei durch einen 10 Jahre zurückliegenden Unfall

1 Die Paartherapie wurde von Astrid Riehl-Emde, das Interview (zwischen 9. und 10. Sitzung) von Anette Bruder durchgeführt.

»aus dem Berufsleben geschleudert« worden, er hätte sonst nicht freiwillig aufgehört zu arbeiten. Im Erstgespräch wird ergänzt, dass es sich bei diesem Unfall um einen Bänderriss während einer Himalaya-Tour gehandelt habe. Dieser Unfall, insbesondere die damit verbundene Bewegungsunfähigkeit, habe ihn völlig schockiert, er sei wie paralysiert gewesen. Auf Anraten seiner Frau, allerdings mit gewisser Ambivalenz, habe er danach seine Tätigkeit als Geschäftsführer aufgegeben und sich als Berater mit häuslichem Büro selbständig gemacht.

Bei Anmeldung klagt sie über seine Aggressivität, die sie seit etwa 10 Jahren beobachte und die sich noch verstärkt habe, seit er vor 2 Jahren auch seine selbständige Beratertätigkeit aufgegeben habe. Er werde immer aggressiver, sie ertrage das nicht mehr, ihre Grenze sei erreicht, und an dieser Stelle beginnt sie am Telefon verzweifelt zu weinen. Das vereinbarte Erstgespräch wurde dann um eine Woche verschoben, weil er nach einer anstrengenden Kilimandscharo-Tour kollabiert war und sich wegen eines Magengeschwürs in stationärer Behandlung befand.

Im Erstgespräch berichtet sie von einer Besserung: Nach seiner Rückkehr vom Kilimandscharo sei er viel liebevoller, rücksichtsvoller und hilfsbereiter als zuvor, doch sie traue der Änderung nicht und befürchte einen Rückfall. Rückfall bedeute, er würde sie wieder »klein machen«, »anschnauzen«, »anmotzen«, sie »durch Liebesentzug bestrafen«. Sie halte dann den Mund, um weitere Eskalationen zu verhindern. Wenn sie nicht mache, was er wolle, werde er missmutig und schlecht gelaunt. Die schlechte Stimmung und der häusliche Kleinkrieg schlügen inzwischen beiden Partnern auf den Magen. Trotzdem berichtet er, kein Problem zu sehen, seine vermeintliche Aggressivität gar nicht zu empfinden. Er schildert seine Ehefrau als sehr hilfsbereit, allerdings werde sie unter Stress »unfreundlich und zickig«, womit sie ihm ein Wechselbad an Gefühlen beschere. Er sei in der Ehe zunehmend unselbständig geworden, weil sie ihn »betüttele«, was er im Prinzip schätze, doch seine Fernreisen bedeuteten für ihn immer wieder Test und Beweis, auch allein zurecht zu kommen. Während sie sich im Ruhestand mehr Aufgabenteilung wünscht und dementsprechend etwas weniger für seine Belange sorgt, kokettiert er mit seiner Unfähigkeit bzw. mangelnden Übung und erlebt ihr Bemühen um reduzierte Fürsorge als Aufkündigung des impliziten Ehevertrags. Er fühle sich von ihr oft zeitlich unter Druck gesetzt, sie nehme wenig Rücksicht auf sein geringeres Tempo, sie wirft ihm im Gegenzug vor, er solle rechtzeitig mit einer Aufgabe beginnen.

Verlauf und Ergebnis: Mit der Hypothese, dass die zu Beginn stark polarisierte Ehesituation mit Machtkampf durch den von beiden ambivalent empfundenen Übergang des Ehemannes in den Ruhestand ausgelöst worden war, ging es in der Paartherapie vor allem um die Neuregulierung von Nähe und Distanz, um die Umverteilung von Rechten und Pflichten und um den Umgang mit (beginnenden) Erkrankungen. Das Paar konnte Anregungen für die Alltagsgestaltung gut aufnehmen und umsetzen. Zwischenzeitliche »Rückfälle« konnten aufgefangen, und es konnte die Kompetenz des Paares in eigene Fertigkeiten gestärkt werden. Mit den beklagten aggressiven Ausbrüchen konnten beide zunehmend flexibler umgehen und Eskalationen stoppen, wobei insbesondere Humor bzw. Ebenenwechsel zum Einsatz kamen.

Im Rückblick auf die Therapie bezeichnete die Ehefrau die in der Paartherapie gefundenen einfachen Lösungen als ihre größte Überraschung. Sie hätte einen »langwierigen Weg« befürchtet einschließlich einer Einzeltherapie für den Ehemann, da sie seine Aggressivität auf noch Unverarbeitetes in Zusammenhang mit seiner Scheidung zurückführte. Sie könnte sich jetzt leichter eigene Freiräume nehmen – außerdem hätten sie kürzlich einen gemeinsamen Putztag erfolgreich gestaltet. Der Ehemann beurteilte die Therapie als »vollen Erfolg«: Er hätte gelernt, mehr auf seine Frau einzugehen und seine wesentliche Erkenntnis bzw. sein emanzipativer Schritt bestünde darin, dass nicht nur Frau, sondern auch Mann sich etwas erlauben könnte.

Im Abschlussgespräch wird auch die therapeutische Beziehung thematisiert. Die Therapeutin fragt Herrn H. nach seiner anfänglichen Skepsis gegenüber der Paartherapie; später kommen die Allparteilichkeit bzw. Neutralität zur Sprache:

Therapeutin (an Herrn H.): Ich erinnere mich auch noch an Ihre Skepsis am Anfang.

Er: Das war aber doch ehrlich gesagt.

T.: Wodurch ist Ihre Skepsis eigentlich …

Er: Weggegangen?

T.: Ist sie weg? Oder ist sie weniger geworden? Wodurch eigentlich?

Er: Weil ich Sie persönlich kennen gelernt habe und habe gedacht, also der Dame kannst du auch etwas sagen, was dir nicht passt, Entschuldigung, und das finde ich prima und das finde ich toll und das gibt mir doch auch eine gewisse Ähnlichkeit unter uns.

T.: Im Anfang haben Sie vermutlich manchmal gedacht, ich stehe mehr auf der Seite Ihrer Frau?

Sie: Ja, wir hätten uns verbündet hier, ja, ja.
Er: Ja, Sie haben beide Worte gebraucht, unter denen ich mir ganz etwas anderes vorstelle. Also Schreien, das ist für mich etwas ganz anderes, als wenn ich sage, Herrgott noch mal, jetzt ist schon wieder das oder irgendetwas, und wenn ich lauter werde. Das ist für mich kein Schreien ... Sie haben auch Worte gebraucht, wo ich gedacht habe, was soll denn das, das habe ich doch überhaupt nicht gemacht. ... Ich habe manchmal gedacht, wenn die Damen sich das erlauben ... Entschuldigung, aber dann habe ich doch das Recht auch, oder? ... der Klick war, ach Gott, wenn die das sich erlauben, dann kann ich ja auch, ich bin ja auch jemand, bin ja auch nur ein Mensch. [...]
T. (an ihn): Nochmals zurück: Wie war das? Haben Sie gedacht, ich stehe mehr auf der Seite Ihrer Frau?
Er: Nein, nein. Sie haben dann meiner Frau auch das gegeben, was ... ich habe das nicht ganz mitgekriegt, was das war, aber gemerkt, dass sie sich unter Druck setzt. Das habe ich gemerkt, dass Sie das gemerkt haben, und dass dieses unter Druck setzen die Empfindlichkeit bei mir erhöht. Das war's. Und zum Beispiel das Thema mit dem freien Tag: Meine Frau tut so, das wäre doch kein Problem zu sagen, wir machen uns einen freien Tag.
Sie: Da wären wir aber nicht darauf gekommen.
Er: Hätte ich mich gar nicht getraut. ...

Die anfängliche Skepsis des Ehemannes gegenüber der Paartherapie reduzierte sich recht bald, als er sich auch in seinen Belangen unterstützt sah, statt sich einer »geballten Macht von Weiblichkeit gegenüber auf verlorenem Posten« zu fühlen.

Interview zum Körpererleben

Beide Eheleute beschreiben ein positives Körpergefühl, sie fühlen sich auch nackt sehr wohl, besuchen regelmäßig einen FKK-Strand. Auf die Frage, wann sie ihren Körper positiv erlebe, antwortet Frau H.:

Sie: Wenn ich zum Sport gehe, wenn wir wandern auch, also, schwimmen, vor allen Dingen, ja bei Bewegung erlebe ich ihn positiv. Das tut ihm gut. ... Und ich geh' seit 20 Jahren zum Fitnessstudio ... [...] es macht mir einfach Spaß, und ja, ich fühl' mich wohl anschließend, außerdem ist der Kopf dann frei.

Was Herr H. positiv an seinem Körper empfinde?

Er: Dass ich ein Mann bin. […] Ich wollte keine Frau sein. Mir tun die Frauen sehr leid. […] Ich möchte nicht jeden Monat die Regel haben zum Beispiel, das ist ja für mich das Schlimmste.

Außerdem gehöre »Kraft haben« zum positiven männlichen Körpergefühl – und ihm sei durch seine Erziehung Ritterlichkeit gegenüber Frauen eingeprägt worden:

Er: … er [der Mann] hat sich um das Schwere [zu kümmern] … ich sollte mehr Kraft haben, hab' ich auch noch, Gott sei Dank! … die Zeiten haben sich geändert – aber es ist doch so: 'ne Frau ist 'ne Frau. Und das sollte man respektieren.

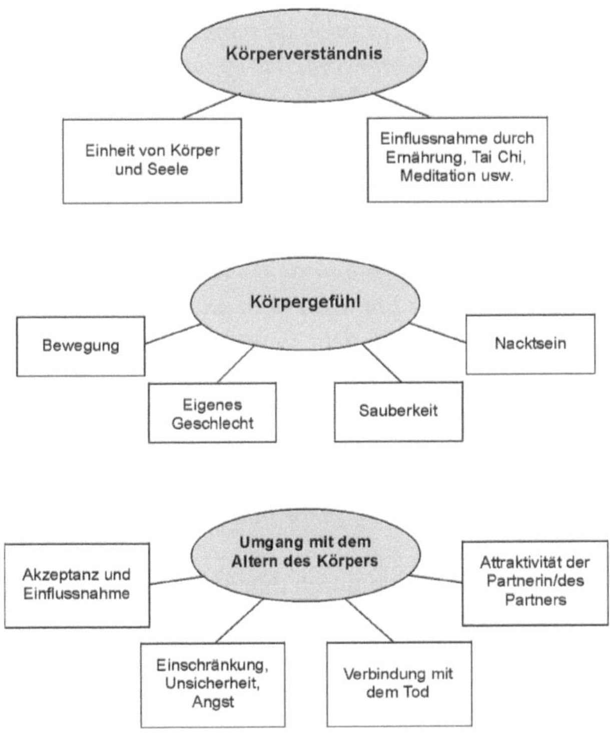

Abb. 1: Kategorien zum Thema »Körpererleben« aufgrund der qualitativen Auswertung des Interviews

Beide Ehepartner betonen im Umgang mit dem alternden Körper die positive Einflussmöglichkeit durch Ernährung und Körperpflege.

Sie: Äh, ja das [Altern des Körpers] ist schon nicht so einfach, würde ich sagen. ... Also ich pflege meinen Körper und – das andere akzeptiere ich, also ich bemühe mich, es zu akzeptieren. ... Man weiß das nicht im Voraus, und das ist eigentlich gut so. Und es geht ja auch nicht von heut auf morgen, es geht in kleinen Schritten. Aber es würde mir im Traum nicht einfallen, irgendwie, was weiß ich, also Operationen oder irgendwas – also das: nee, nee ... Ich pflege meinen Körper und ich pflege ihn konsequent und jeden Tag und ... Duschen, Cremen, kalt Duschen auch. Und Cremen ja, ja ... das gehört einfach dazu.

Sie betrachte sich auch nackt im Spiegel:

Sie: .. ich guck'! »Wie siehste denn heute aus?« (lacht) ... Jaja. Bei uns in der, wo wir unsere Kleiderschränke, da hängt so ein schöner langer Spiegel, da kann man immer gucken: »Aha, wie ist das denn ...« (lacht) Oder ... »Ah, was haste heute für 'nen dicken Bauch, haste zuviel gegessen!«

Herr H. betont, Sauberkeit und Ausstrahlung seien für ihn wichtiger als konkrete äußere Alterserscheinungen.

Er: Wenn Sie sich anständig pflegen und eine ausgeglichene Seele haben, sehen Sie als krumpeliger alter Mann oder Frau gut aus. [...] Na gut, nach Männern gucke ich nicht, ich bin nicht vom anderen Ufer, aber es gibt sehr viele alte Damen, da sag' ich, die sieht so verkrumpelt aus, aber die hat eine wunderbare Ausstrahlung. [...] Das ist halt eben ... ja, ein alter Baum, der kriegt halt auch Flecken oder Wärzchen, so kleine Wärzchen kommen da ab und zu mal. Das hat auch mit der Psyche was zu tun, habe ich festgestellt. Das ist für mich doch wichtiger und wenn ich mich gerade halte und sauber daher komme ... dass ich keine 18 mehr bin, das weiß ich doch selbst.

Die körperlichen Veränderungen durch das Alter haben nach Aussagen der Eheleute auf die gegenseitige Attraktivität wiederum wenig Auswirkung.

Er: Sie pflegt sich, sie hält sich, sie tut was und ich finde es ... gut. [...]

Sie: Also er ist für mich genauso attraktiv... also das macht mir überhaupt nichts aus ... Ja, natürlich registriere ich Veränderungen, aber ... das ist nicht wichtig ... Mir ist es wichtiger, also, dass wir irgendwie seelisch zurechtkommen, also, das ist mir heute wichtiger. (leise) Und da machen wir ja die Therapie (lacht kurz). ... Ja, ich mag ihn noch genauso. ... Auch ihn zu be-

rühren und also ... ein bissel mal zu streicheln zwischendurch oder mal in den Arm zu nehmen, ... das ist genauso.

Bei Herrn H. werden aber auch durch Alterungsprozesse verursachte Unsicherheiten und Einschränkungen deutlich. Er erwähnt als Folge von Stürzen älterer Menschen sogar den Tod. Obwohl er die konkrete Sorge seiner Töchter, er selbst könne durch einen Sturz versterben, ein wenig verharmlost, drückt sich durch die Erwähnung des Todes in diesem Zusammenhang die Beunruhigung über seine körperlichen Unsicherheiten aus.

Er berichtet im Interview von mehreren eigenen zurückliegenden Stürzen, deren Nachwirkungen ihn noch beeinflussten, obwohl er im Fragebogen zum Körpererleben das Item »Ich stoße oft irgendwo gegen« als einziges unbeantwortet ließ.

Er: [...] Und das verursacht dann natürlich auch quasi eine Unsicherheit, weil ich dauernd: »Mensch, du darfst nicht anschlagen«. Ich habe oft [knöchel]hohe Schuhe an, weil ich Angst habe, ich ... (unterbricht sich) Angst! Das kannte ich früher nicht, überhaupt nicht! [...] Das ist die Fallerei. Vielleicht sollte ich ja auch mal in so'nen Kernspin gehen, vielleicht habe ich ja auch etwas im Gehirn, dass ich das nicht mehr richtig, dass da was ist. Ich kann's nicht sagen, ob da Bruchteile von Sekunden irgendetwas ausfällt und »Zack bums!« liege ich da. Ich weiß es nicht.

Wegen der hier angesprochenen Symptomatik rezidivierender Synkopen wurde Herrn H. eine internistisch-neurologische Diagnostik empfohlen.

Fragebogen zur Beurteilung des eigenen Körpers

Mann und Frau beschreiben anhand des 4 Skalen umfassenden Fragebogens zur Beurteilung des eigenen Körpers (FBeK) ein deutlich besseres Körperselbstbild als die altersentsprechende Vergleichsgruppe (Gunzelmann et al. 1999) in 3 Skalen des Fragebogens (Abb. 2):

- *Attraktivität und Selbstvertrauen* in Bezug auf die Zufriedenheit mit dem eigenen Körper,
- *Unsicherheit/Besorgnis* gegenüber körperlichen Vorgängen, sowie ein Gefühl der mangelnden Körperselbstkontrolle und
- *körperlich-sexuelles Missempfinden* sowie Aspekte von Scham im Zusammenhang mit dem körperlichen Erleben.

In diesen Bereichen sind folglich noch keine speziellen Alterseffekte erkennbar.

Im Normbereich liegen beide in Bezug auf Skala 2, *Akzentuierung des körperlichen Erscheinungsbildes*, womit eine besondere Betonung des Aussehens und Freude an der Beschäftigung mit dem eigenen Körper umschrieben wird.

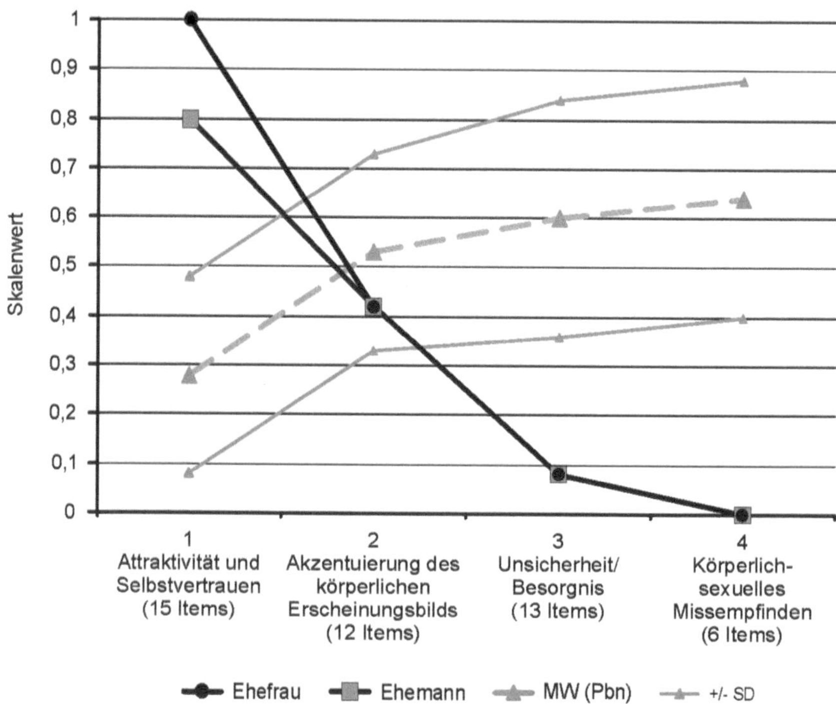

Abb. 2: Körpererleben des Ehepaares H. im Vergleich mit Altersgruppe anhand des Fragebogens zur Beurteilung des eigenen Körpers (FBeK)

Die Ehefrau beschreibt sich sogar zufriedener als ihr Mann hinsichtlich ihrer Attraktivität und ihres Selbstvertrauens, obwohl die geschlechtsspezifischen Unterschiede in der Regel eher umgekehrt ausfallen, d.h. Frauen sich in der Regel beeinträchtigter darstellen als Männer. In unserem Fall bejaht die Frau, mit ihrer Figur, mit ihrem Gewicht und ihrer Größe zufrieden zu sein, und stimmt dem Item »ich bin attraktiv« zu. Er verneint genau diese Merkmale: Er sei nicht zufrieden mit seiner Figur, mit seinem Gewicht und seiner Größe, und er verneint auch, attraktiv zu sein. Auch der Befund, dass ältere Frauen mehr Wert legen auf eine Betonung ihres äußeren Erscheinungsbildes als Männer, gilt für unser Paar nicht – beide Partner unterscheiden sich in diesem Merkmal nicht.

Übrigens stimmen die Antworten beider Partner exakt überein bis auf diese Unterschiede in Skala 1, »Attraktivität und Selbstvertrauen« und bis auf das vom Ehemann nicht beantwortete Item (»Ich stoße oft irgendwo gegen«). Diese hohe Übereinstimmung wurde erzielt, obwohl beide den Fragebogen unabhängig voneinander ausgefüllt haben.

Interview zu Sexualität und körperlicher Anziehung im Alter

Beide Ehepartner beschreiben in den Einzelinterviews eine neue Qualität der Sexualität im Alter (Abb.3). Sie benennen insbesondere die Bedeutung der Zärtlichkeit und den positiven Zugewinn an Zeit:
Sie: Ja, für mich ist es ... besser. [...] Weil ich das einfach schöner finde, dass man ... also diese Berührungen ... vorher, dass das länger andauert und das ist einfach schöner. (kurze Pause) Früher war das oft schnell und dann war's schon vorbei. (lacht ein wenig). Ja. (kurze Pause) Und dass man einfach, ja, auch die Zeit dafür nimmt, [...] meistens Samstag, Sonntag ist nichts und dann – haja ... ha'm wir Zeit und dann ...
Interviewerin: ... nehmen Sie sich Zeit für die Liebe?
Sie: Ja – ja! Ja. Ja. Ich sag' mal – also ich setz' mich immer morgens hin zur Meditation und dann sag' ich [zu ihm] (lächelnd): »Ich komm' noch mal ins Bett!« (lachend) Sonst steht er vielleicht auch auf, sag' ich: »Ich komm' noch mal ins Bett!« (lacht)
I.: Aha – das ist sozusagen das Signal dafür, dass Sie noch mal zärtlich werden.
Sie: Ja, ja. Und das meinte ich auch mit »Zeit haben«, dass also nichts da hinten dran steht.

Die Bedeutung der Leidenschaft habe sich mit dem Alter verändert:
Sie: [...] Heute empfinde ich es einfach schöner, vielleicht auch, kommt es durch das Alter, dass ich es so schöner finde, wie es jetzt ist, ... Aber es hatte alles seine Zeit ... es war alles richtig. So wie's gekommen ist – es ist ja ´ne langsame Entwicklung. [...] Damals war es auch schön, ja. Ich sag' ja: »Alles

zu seiner Zeit.« [...] Aber heute müsste ich das [die Leidenschaftlichkeit früherer Jahre] nicht mehr haben. Sag' ich ehrlich. Nicht mehr körperlich und auch seelisch ist mir das Andere lieber.
I.: Vermissen Sie irgendetwas?
Sie: Hmhm ... Nein, ich find's auch schön, wenn wir mal auf 'ner Bank sitzen und zusammen mal: er hat den Arm um mich und dann mal den Sonnenuntergang zu gucken und ... das ist zwar keine Sexualität, aber das gehört mit zur Zärtlichkeit, zum gemeinsamen Empfinden und ... Und das hat früher gefehlt, weil wir keine Zeit dafür hatten.

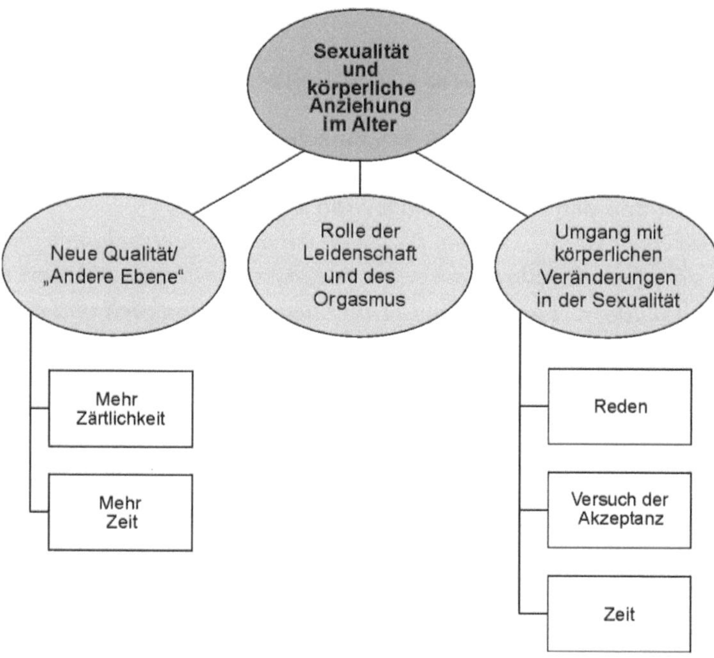

Abb. 3: Kategorien zum Thema »Sexualität« aufgrund der qualitativen Auswertung des Interviews

Herr H. spricht im Paarinterview wiederholt von der »anderen Ebene« in der Sexualität und nimmt Stellung zur Bedeutung von Leidenschaft:
Er: Also wie gesagt, das ist im Alter ist das eben auf einer anderen Ebene. Das ist nicht mehr so ... ich hätte fast gesagt tierisch, aber es ...

Sie: Leidenschaftlich.
Er: Ja, leidenschaftlich, das ist das richtige Wort … leidenschaftlich wie … es kann trotzdem leidenschaftlich werden, ja, aber es muss nicht so sein. Und ich muss Ihnen ganz ehrlich sagen, manchmal habe ich gedacht früher, Herrgott noch mal, dass dieses Bedürfnis überhaupt existiert.

Herr H. erlebt das Nachlassen des sexuellen Bedürfnisses in seiner früheren Heftigkeit sogar als entlastend. Die Häufigkeit sei weniger wichtig, doch Sexualität und auch das Erleben eines Orgasmus würden für beide zu einer guten Beziehung gehören.

Folgende Interaktion gibt Einblick in den Umgang des Paares mit dem Einfluss körperlicher Veränderungen auf die Sexualität: Herr H. hat bereits im Einzelinterview die Kränkbarkeit des Mannes aufgrund körperlicher Alterserscheinungen angesprochen, weicht jedoch zunächst aus, als es direkt um ihn geht. Frau H. wird dann aber doch konkreter:
I.: Es ist ja rein biologisch etwas ganz Normales, dass es beim Mann mit zunehmendem Alter länger dauert, bis der Penis zur Erektion kommt …
Er: Ja.
I.: Wie haben Sie das zusammen gemeistert?
Er: (leise zu seiner Frau) Das kennen wir gar nicht, oder? Oder?
(kurze Pause)
Sie: Ja, das dauert schon … äh, manchmal länger, das kommt ganz auf die momentane Verfassung an, ob es länger dauert oder nicht länger dauert.
Er: Wenn Sie vorher über Gott weiß welche Themen gesprochen haben, die damit nichts zu tun haben, können Sie nicht erwarten, dass das …
Sie: Aber wenn er schon in Gedanken sagt, das geht nicht, dann dauert es …
Er: Das ist … geht nicht. Ja.
Sie: …also wirklich lang, bis der Höhepunkt kommt. Das hat also sehr viel mit dem Kopf zu tun.
Er: Ja, das hat mit dem Kopf zu tun. … Jaa. Sie sind todmüde oder kaputt oder irgendetwas, dann ist das ganz … deswegen sage ich ja, das ganze läuft auf einem höheren …. anderen, nicht höheren, aber anderem Niveau ab.
Sie: Wenn man jung ist, dann denke ich mal, da reagiert der Körper viel stärker …
Er: Ja, ja.
Sie: …und wenn man älter wird, dann ist es anders.
Er: Und das finde ich normal. Mich darüber aufzuregen … das ist normal.

I.: Aber wie haben Sie es denn geschafft, damit umzugehen und offensichtlich gehen Sie befriedigend …
Er: Da reden wir drüber, nicht?
Sie: Ja.
Er: Da wird drüber geredet – und es spielt ja auch die Zärtlichkeit …
Sie: Und wir nehmen uns einfach, das sagte ich Ihnen ja schon, mehr Zeit. Es ist dann keine Begrenzung mit Terminen oder so, wir haben einfach Zeit dann. Weil wenn das wäre, dann würde das, das wäre auch so ein Handicap.
I.: Dann würde Stress einsetzen sozusagen.
Sie: Ja, absolut.

Insgesamt scheint dem Paar auf die beschriebene Art und Weise eine sehr günstige Anpassung der Sexualität an die Veränderungen des Alters gelungen zu sein. Auf die abschließende Frage, wie sie es denn geschafft hätten, sich in ihrer 25-jährigen Ehe eine so befriedigende Sexualität zu erhalten, antworten die Eheleute:
Sie (leise, überlegend): Wie haben wir das geschafft?
Er: Offen darüber geredet, sage ich jetzt einfach. Offen darüber geredet.
Sie: Ja, und auch einfach akzeptiert, wann man … man verändert sich ja auch … dass diese Sexualität sich auch mit verändert, nicht das als etwas Starres zu sehen, sondern einfach, dass das auch so im Fluss ist, würde ich sagen.

Therapeutische Überlegungen

Hat sich der Paarkonflikt auf die sexuelle Beziehung ausgewirkt und wenn ja, wie? Umgekehrt gefragt: Weshalb kommt ein Paar mit positiver erotischer und sexueller Beziehungsgeschichte überhaupt zur Paartherapie? Im Abschlussgespräch wurde mit Bezug auf das Interview darauf eingegangen. Zwar meinten beide zunächst spontan, der Konflikt habe ihre Sexualität »nie beeinträchtigt«, doch berichteten sie auf Nachfrage weiter, es hätte keine Zärtlichkeiten in Streitphasen gegeben. Der Paarkonflikt hätte sich auf die sexuelle Beziehung insofern ausgewirkt, dass sie in angespannter Atmosphäre mehr Distanz hielten. Aus therapeutischer Sicht ist entscheidend, dass es dem Paar gelungen ist, die Sexualität nicht zum Schauplatz der sonstigen Konflikte zu machen. Es war beiden wichtig, die Sexualität nie als »Heilmittel« für Streitigkeiten eingesetzt zu haben. Er betonte sehr anerkennend, dass seine Frau nicht nachtragend sei und sehr viel schneller als er in der Lage, Streitigkeiten wieder zu begraben und sie »nicht in anderen Tätigkeiten heimzuzahlen«.

Wie konnte es passieren, dass solch ein lebendiges Paar mit Entwicklungspotential in eine Krise gerät? In Verbindung mit seinem 10 Jahre zurückliegenden allmählichen Übergang in den Ruhestand, zunächst als Berater mit häuslichem Büro, hatte sich ein kollusiv anmutender Konflikt entwickelt und nochmals verstärkt, nachdem er vor 2 Jahren seine Beratertätigkeit aufgegeben hatte. Seither kam es zunehmend zu Machtkämpfen und Polarisierungen zwischen beiden, vorwiegend auf der Dimension Dominanz-Unterordnung. Sie fühlte sich von ihm gestört und dominiert, weil er sie jederzeit und ungefragt in viele seiner Gedanken einbezog; umgekehrt richtete sie gleichfalls ungefragt ihre eigenen Freiräume nach seinem Alltag aus und fühlte sich dadurch eingeengt. Darüber hinaus wollte sie sich im Ruhestand aber auch etwas befreien aus ihrer mütterlich-fürsorgenden Rolle und ihm mehr Verantwortung für seine eigenen Belange übergeben. Trotz beiderseitigem Wunsch gelang die Aufgabenteilung im Haushalt nicht, weil seine Ausführung ihren Ansprüchen in der Regel nicht genügt, oder sie sich z.B. seinen Ärger auf eine Verkäuferin im Supermarkt anhören musste, wenn er vom Einkaufen zurückkehrte; deswegen übernahm sie die Aufgaben dann lieber selbst.

Vom Beziehungsmuster her betrachtet verstärkte sie durch ihre Rückkopplung das »ungeliebte« Verhalten ihres Mannes: Wenn sie z.B. seinen Ärger über eine Verkäuferin mit einem »Vergiss es« quittierte, schimpfte er noch mehr und bestand auf seinem Recht, sich ärgern zu dürfen, was sie wiederum um so mehr ablehnte. Sein Anteil an der Eskalation bestand darin, dass er Anerkennung für seinen Einsatz beim Einkaufen suchte, sich stattdessen aber abgewiesen oder entwertet fühlte; oder er verweigerte bestimmte Aufgaben, um ihr zu zeigen, dass ihre Ansprüche übertrieben wären und sie sich unter Stress setzte und ihn mit ihrer Nervosität ansteckte. In diesem Kommunikationsmuster werden unterschiedliche Themen abgehandelt, wobei typischerweise ein solcher Teufelskreis so interpunktiert wird, dass jeweils der andere Partner »angefangen« hat.

Wie ist es gelungen, Herrn und Frau H. aus der Sackgasse zu helfen? Zu Beginn war er aufgrund des Magengeschwürs deutlich reduziert, wodurch sich die Streitigkeiten vorübergehend spontan beruhigten. Er übernahm die

Patientenrolle, sie zeigte sich ohne Ambivalenz fürsorglich. Nach vier relativ harmonischen Wochen kam es zu dem von der Ehefrau erwarteten »Rückfall« in das »alte aggressive Muster«. – Bereits im zweiten Gespräch wurde eine Vereinbarung zur Aufgabenteilung getroffen, an die beide sich mit Erfolg hielten. Er erklärte den Erfolg damit, dass sie sich zurückgenommen habe in ihrer »Gängelei«; sie vermutete, dass er dank »Anweisung« der Therapeutin ganz ohne Diskussion Aufgaben übernommen und sie weniger mit Fragen in alles einbezogen habe. Beide delegierten damit ihren Machtkampf an eine »höhere Instanz« und konnten ihre Beziehung entlasten.

Entscheidend für den Wandel war in der dritten Sitzung die Einführung eines »freien Tages« – d. h. eines getrennten Tages für sie und ihn einmal pro Woche –, also die Arbeit an der Distanz. Sie, die sich zuvor in der Erfüllung ihrer eigenen Interessen und Bedürfnisse insgeheim nach seiner Abwesenheit gerichtet hatte – dann jeweils enttäuscht war, wenn er seine Pläne verschob – war nun aufgefordert, unabhängig von ihm ihren freien Tag »zu nehmen«. Dieser freie Tag tat beiden von Anfang an gut, und sie konnten auch freimütig eingestehen, gern noch mehr davon haben zu wollen: Er freute sich auf den Tag, weil sie ihm nicht reinredete; sie, weil sie durch die »Anweisung von der Therapeutin« die »Erlaubnis« bekommen hatte, sich tagsüber ihren Hobbies (Sport, Aquarellieren) zu widmen und erst/nur am Abend für beide zu kochen. Als sie zwischenzeitlich wieder mit den alten Klagen und Streitereien kamen, zeigte sich, dass sie auf den freien Tag verzichtet hatten, weil angeblich anderes wichtiger war. Auf diese Weise wurde die Bedeutung der Dosierung von Nähe und Distanz besonders deutlich. Aggression wurde als Zeichen von zuviel Nähe verstanden, der freie Tag wurde zu einem ernstzunehmenden Termin, auf den nicht ohne Folgen verzichtet werden konnte. Dass vor allem Frau H. Unterstützung brauchte, um ihren Wunsch nach einem »freien Tag« direkt äußern zu können, statt ihm diesen indirekt »abluchsen« zu müssen, kommt im obigen Transkript zur Sprache, wenn er sagt, auch sie wäre von der Therapeutin herausgefordert worden, weshalb die vermeintliche Parteilichkeit der ersten Sitzungen ausgeglichen wurde. Im 10. Gespräch klagte sie erneut über seine Aggressivität, die bei ihr Atembeschwerden und Magenschmerzen auslöste – ihre eigene Geschichte im Umgang mit Aggressionen blieb jedoch unergiebig. Im Austausch über Lösungsmöglichkeiten kamen beide auf die Idee des Ebenenwechsels: Könnte sie lachen oder ihn in den Arm nehmen, wenn er »ausrastete«, wäre das für beide eine gute Alternative. Es zeigte sich aber auch, dass das, was bei ihr Distress auslöste, für ihn Eustress bedeutete, also ein Zeichen für Leben war. Wenn er sich nicht mehr aufregen würde, wäre das für ihn »der Anfang vom Ende«, »dann wäre ich alt«.

Durch Analyse kollusiver Muster, durch geeignete Interventionen, vor allem dank Arbeit an der Distanz des Paares konnten beide Partner Wege aus der Sackgasse finden. Beide erlebten das Gespräch in Anwesenheit der Therapeutin als hilfreich, weil sie sich zu zweit mehr gestritten und verstrickt hätten. Mit Erstaunen stellten sie fest, dass sie von selbst nicht auf »einfache Lösungen« gekommen wären. Die Ressourcen des Paares wurden nicht nur in ihrer Flexibilität zur Erprobung und Umsetzung neuer Verhaltensmöglichkeiten deutlich, sondern auch in der Bereitschaft zur Teilnahme am Forschungsinterview, in dem sie ihre Gestaltungsmöglichkeiten im Umgang mit dem Körper und der Sexualität zum Ausdruck brachten.

Sexualität als Ressource: Die Sexualität als Ressource konnte sich vermutlich auch wieder besser entfalten, nachdem Wege aus der Sackgasse möglich waren, denn die Zärtlichkeit wurde von beiden als entscheidendes Agens der gemeinsamen Sexualität bewertet. Zumindest bisher ist Herrn und Frau H. das gelungen, was Peters (2002) als Paradoxie der sexuellen Entwicklung beschreibt: Die Kontinuität in der sexuellen Beziehung kann nur bestehen bleiben, wenn die Diskontinuität akzeptiert wird, das heißt, dass die genitale Sexualität aufgrund körperlicher Veränderungen nicht unverändert fortgeführt werden kann, sondern eine Öffnung hin zu prägenitalen Formen möglich ist. Butler und Lewis (1996) prägten den Begriff der »zweiten Sprache der Sexualität« im Alter, die nicht nur körperliche, sondern vor allem emotionale und kommunikative Aspekte kennt und Einfühlungsvermögen erfordert; dazu gehören auch sanfte, ruhige Formen des Zusammenlebens, in denen Zärtlichkeit dominiert. Insofern ist die Sexualität im Alter nicht nur eine Art Echo der bis dahin gelebten Sexualität, sondern steht auch offen für neue Erfahrungen. Die Sexualität behält auch im Prozess des Alterns eine zentrale Bedeutung zur Regulierung des Selbstwertgefühls, für das Erleben von Geborgenheit, Nähe und Bindung. Sexualität macht aber auch verletzlich und in anderen Paartherapien sind häufiger Paare anzutreffen, von denen mindestens eine Person dieses Risiko nicht mehr eingehen will. Bei Herrn und Frau H. finden sich Zeichen von erotischer Reife, die angesichts der allgemeinen Klage über den unserer Kultur fehlenden Mythos erotischer Reife und Weisheit hoffnungsvoll stimmen. Mit Hilfe der Paartherapie konnte beiden relativ unaufwändig zur Erweiterung und Verlängerung ihres Lebensglücks verholfen werden.

Literatur

Butler RN, Lewis MJ (1996) Alte Liebe rostet nicht. Über den Umgang mit Sexualität im Alter. Bern (Huber).

Guggenbühl-Craig A (1999) Liebe im Alter und das Hohelied. Familiendynamik 24: 409–418.

Gunzelmann T, Brähler C, Hessel A, Brähler E (1999) Körpererleben im Alter. Zeitschrift für Gerontopsychologie & -psychiatrie, 12: 40–54.

Mayring P (2003) Qualitative Inhaltsanalyse. Grundlagen und Techniken (8. Aufl.). Weinheim (Beltz).

Peters M (2002) Klinische Entwicklungspsychologie des Alters. Grundlagen für psychosoziale Beratung und Psychotherapie. Göttingen (Vandenhoeck & Ruprecht).

Strauß B, Richter-Appelt H (1996) Fragebogen zur Beurteilung des eigenen Körpers (FBeK). Handanweisung. Göttingen (Hogrefe).

Korrespondenzadresse:
Dipl.-Soz.Päd. Anette Bruder
Institut für Psychosomatische Kooperationsforschung und Familientherapie.
Zentrum für Psychosoziale Medizin, Universitätsklinikum Heidelberg
Bergheimer Str. 54
69115 Heidelberg
E-Mail: *Anette_Bruder@med.uni-heidelberg.de*

Zur Dynamik von Partnerschaften in Grenzsituationen des Alters – eine biografische Analyse der Entwicklungspotenziale im Kontext der Analytischen Psychologie C. G. Jungs

Andreas Kruse (Heidelberg)

Zusammenfassung

Entwicklungspotenziale von Ehen in Grenzsituationen des Alters sind in hohem Maße von der Bereitschaft und Fähigkeit der Partner beeinflusst, sich gegenseitig bei der Entwicklung neuer Lebensperspektiven zu unterstützen. Diese Annahme wird auf der Grundlage der Analytischen Psychologie C. G. Jungs theoretisch fundiert, die von lebenslang andauernden Individuationsprozessen ausgeht. Das Alter wird ergänzend als ein »Werden zu sich selbst« gedeutet. Die Fallbeispiele zeigen, dass sich Ehen in der gemeinsamen Bewältigung von Grenzsituationen – hier der Hilfe- und Pflegebedürftigkeit – unterscheiden, wobei sich die Unterschiede auch damit erklären lassen, inwieweit die Ehepartner in ihrer Biografie offen für neue Entwicklungsmöglichkeiten des Anderen gewesen sind.

Stichworte: Entwicklungspotenziale, Biografie, Grenzsituation, Bewältigung, Analytische Psychologie

Abstract: The dynamics of partnerships in borderline situations of old age – a biographical analysis of the developmental potentials

This contribution starts with the assumption that developmental potentials of couples in borderline situations of old age are highly influenced by the partners' capability and willingness to support mutually in developing and realizing new life perspectives in former life stages. Key propositions of the Analytical Psychology – as they had been delineated by Carl Gustav Jung – represent the theoretical fundament of this assumption. Moreover, aging is interpreted as a process of person's becoming of her- or himself. Case histories are presented which point at the high differences in older couples with regard to coping with borderline situations; in this contribution these borderline situations are illustrated by becoming dependent and frail. These differences can be explained by the partners' sensitivity for new developmental potentials of the other person in former stages of life.

Key words: Developmental potentials, biography, borderline situation, coping, analytical psychology

Die Qualität der Ehe als Einflussgröße der Bewältigung von Hilfe- und Pflegebedarf

Die Ehe im Alter erfährt durch die Hilfe- oder Pflegebedürftigkeit der Ehepartnerin bzw. des Ehepartners ganz neue seelische und alltagspraktische Herausforderungen, zu denen vor allem drei zu rechnen sind.

a) Eine veränderte Selbstständigkeits-Abhängigkeits-Relation: Ein Partner bzw. eine Partnerin muss vermehrt Unterstützungsleitungen erbringen, während der andere bzw. die andere in höherem Maße von Hilfe- und Betreuungsleistungen abhängig ist.
b) Veränderungen im Selbstbild und im Bild vom Partner bzw. von der Partnerin.
c) Veränderungen in der Aufgabenteilung und in der Alltagsgestaltung in der Ehe.

Bei schweren kognitiven Einbußen, bei Veränderungen der Persönlichkeit oder beim Auftreten schwerer körperlicher Einschränkungen besteht die Gefahr einer zunehmenden Entfremdung, sei es, weil der hilfe- oder pflegebedürftige Partner Scham empfindet, sich mehr und mehr zurückzieht und die Betreuung der Ehefrau bzw. des Ehemannes ablehnt, oder sei es, weil der betreuende Partner bei sich selbst Gefühle der Fremdheit wahrnimmt. Befunde deuten allerdings darauf hin, dass es älteren Paaren eher als jüngeren gelingt, ihr Interaktionsverhalten aufeinander abzustimmen. Zudem können auch Belastungen in einer Partnerschaft das Wohlbefinden der Partner positiv beeinflussen, wenn diese als Sinn stiftend erfahren werden (Lang 2004).

Die Zufriedenheit mit der Partnerschaft in der zweiten Lebenshälfte weist eine relativ hohe Kontinuität auf (Vaillant & Vaillant 1993), und der Anteil der älteren Paare, die sich als glücklich verheiratet bezeichnen, ist mit 80 bis 90 Prozent hoch (Martin & Schmitt 2000). Deutlich reduzierte Kompetenzen und Ressourcen erhöhen jedoch die Verletzlichkeit der Partner und können somit dazu beitragen, dass die Zufriedenheit in der Ehe zurückgeht (Lang 2004).

Langdauernder Hilfe- oder Pflegebedarf wird von den Ehepartnern nicht selten als Grenzsituation erlebt, die mit neuen Aufgaben und nicht nur mit Belastungen konfrontiert. Psychologische Analysen zeigen, dass pflegebedürftige Menschen wie auch deren pflegende Angehörige die Pflegesituation primär als alltagspraktische und emotionale *Aufgabe* betrachten und erst sekundär als psychologische *Belastung* (Bruder 1998, Kruse 1994). Pflegebedürftige Menschen versuchen darüber hinaus, durch ihr Verhalten unterstützend zu wirken, indem sie Respekt und Dankbarkeit zeigen (Montada 1996). Gefühle des Respekts und der Dankbarkeit gehen allerdings zurück oder stellen sich erst gar nicht ein, wenn sich bei den Partnern die Überzeugung ausbildet, die Pflege nicht bewältigen zu können (Gräßel 1998). In diesen Situationen nimmt das Belastungserleben deutlich zu (Wilz et al. 1998); zudem ist das Risiko psychischer oder psychosomatischer Symptome erhöht (Holz 2003).

Bei der psychologischen Analyse der Pflegesituation in einer Partnerschaft dürfen zwei Aspekte nicht außer Acht gelassen werden, die mitbestimmen, wie die beiden Partner mit der Grenzsituation umgehen. Der erste Aspekt betrifft die *Entwicklung der Partnerschaft*. Hier ist eine von Fooken (1995) vorgenommene Differenzierung zwischen vier Partnerschaftsverlaufsmustern hilfreich, in der sich auch Unterschiede in der Qualität der Partnerschaft widerspiegeln:

a) Wandel von Konflikthaftigkeit zu emotionaler Distanzierung;
b) Erreichen von Autonomie und gegenseitiger Bezogenheit;
c) Fortgesetzte, mit einer zunehmenden gegenseitigen Anteilnahme einhergehende Aufgabenorientierung;
d) Aufrechterhaltung starker Bezogenheit und Verschmelzung (Konstanz von Nähe, Harmonie und Zärtlichkeit).

Die Qualität der Partnerschaft, so wird auch von Fooken (1995) hervorgehoben, entscheidet mit darüber, inwieweit es gelingt, die Entwicklungsanforderungen des hohen Alters zu bewältigen.

Der zweite Aspekt – der mit dem ersten verwandt ist – betrifft die *innere*

Beteiligung der Partner an der psychischen Entwicklung der oder des anderen. Damit ist gemeint, inwieweit sich die Partner bereits in früheren Lebensjahren für die psychische Entwicklung der bzw. des Anderen eingesetzt, also deren bzw. dessen Entwicklungspotenziale erkannt und zu ihrer Verwirklichung beigetragen haben.

Was heißt »Qualität« jenseits der subjektiv gegebenen (oder nicht gegebenen) Zufriedenheit? Welche Merkmale konstituieren Qualität? Ein wesentlicher Aspekt ist das von den Partnern gezeigte Interesse an der psychischen Entwicklung der bzw. des Anderen sowie die Bereitschaft, diese bzw. diesen bei der Verwirklichung von Entwicklungspotenzialen zu unterstützen (Riehl-Emde 2002). Für diese Annahme können wir bislang nur auf Erfahrungen zurückgreifen, die wir in der wissenschaftlichen Analyse von Betreuungs- und Pflegesituationen innerhalb der Familie (siehe z.B. Kruse 1994, Kruse & Schmitt 1998), in Untersuchungen zur psychischen Verarbeitung reaktivierter Traumata (Kruse & Schmitt 2000) sowie in Studien zur Bestimmung von Lebensqualität demenzkranker Menschen (Becker et al. 2005) gewonnen haben. Gespräche mit Ehepartnern haben uns gezeigt, dass die Art und Weise, wie sie aktuelle Grenzsituationen oder die Reaktivierung früherer Grenzsituationen zu verarbeiten versuchen, von der Art und Weise beeinflusst ist, wie sie sich an den Bedürfnissen und Interessen des anderen orientieren und sich gegenseitig bei der Entwicklung neuer Lebensschritte und Zukunftspläne unterstützen.

Im Folgenden sollen aus unseren Untersuchungen *Fallbeispiele* vorgelegt und diskutiert werden, die auf unterschiedliche Formen des Bezogenseins von Ehepartnern im hohen Alter deuten und Rückschlüsse auf die biografische Entwicklung zulassen. Bevor wir uns den Fallbeispielen zuwenden, sei auf einige zentrale Aussagen aus der *Analytischen Psychologie* eingegangen.

Entwicklungsperspektiven in der zweiten Lebenshälfte als gemeinsame Aufgabe von Paaren

Die auf Carl Gustav Jung zurückgehende Analytische Psychologie ist für die Gerontologie von besonderer Bedeutung. Sie geht – wie mit dem Begriff der *Individuation* ausgedrückt wird – von der Entwicklungsfähigkeit des Menschen über den gesamten Lebenslauf aus (Jung 1974a). »Je mehr man sich der Lebensmitte nähert und je mehr es einem gelungen ist, sich in seiner persönlichen Einstellung und sozialen Lage zu festigen, desto mehr will es einem scheinen, dass man den richtigen Lauf des Lebens und die richtigen Ideale und Prinzipien des Verhaltens entdeckt habe. Darum setzt man auch ihre ewige Gültigkeit voraus und macht sich eine Tugend daraus, an ihnen auf immer hängen zu bleiben. Man übersieht dabei die eine wesentliche Tatsache, dass die Erreichung des sozialen Zieles auf Kosten der Totalität der Persönlichkeit erfolgt. Viel, allzu viel Leben, das auch hätte gelebt werden können, bleibt vielleicht in den Rumpelkammern verstaubter Erinnerungen liegen, manchmal sind es auch glühende Kohlen unter grauer Asche« (Jung 1976, S. 434). Dabei stellt Jung Entwicklungsaufgaben junger und alternder Menschen einander gegenüber: »Für den jugendlichen Menschen ist es beinahe Sünde oder wenigstens eine Gefahr, zuviel mit sich selber beschäftigt zu sein, für den alternden Menschen ist eine Pflicht und eine Notwendigkeit, seinem Selbst ernsthafte Betrachtung zu widmen. Die Sonne zieht ihre Strahlen ein, um sich selber zu erleuchten, nachdem sie ihr Licht auf eine Welt verschwendet hat. Statt dessen ziehen es viele Alte vor, Hypochonder, Geizhälse, Prinzipienreiter und laudatores tempori acti oder gar ewig Junge zu werden, ein kläglicher Ersatz für die Erleuchtung des Selbst, aber eine unausbleibliche Folge des Wahnes, dass die zweite Lebenshälfte von den Prinzipien der ersten regiert werden müsse.« (S. 438) Er schließt die Frage an: »Könnte also Kultur der Sinn und Zweck der zweiten Lebenshälfte sein?« (Jung 1976, S. 439).

Die Individuation wird nicht vom bewussten Ich, sondern von dem – über das Bewusste und Unbewusste hinausgehende und diese integrierende – *Selbst* angestoßen. Das Zentrum der Persönlichkeit verlagert sich somit mehr und mehr vom Ich zum Selbst. Die Verwirklichung des Selbst erfordert die Integration des *Schattens*, und dies heißt jener Seiten der Persönlichkeit, die bislang unterentwickelt geblieben sind (Barz 1986). Viele Menschen identifizieren sich in ihrer Berufstätigkeit mit jenen Rollen, die ihnen von der Gesellschaft aufgegeben sind – Jung verwendet hier den Begriff der *Persona* –, was dazu führt, dass andere Bereiche der Persönlichkeit – um einen Begriff von Husserl zu wählen – in »Abschattung« bleiben, nicht wahrgenommen und nicht entwickelt werden (Jung 1974b). Mit dem Begriff des Schattens sind Eigenschaften, Orientierungen und Fähigkeiten angesprochen, deren Entwicklung zur Vervollkommnung der Persönlichkeit führt, mit dem Begriff der Persona hingegen Eigenschaften, Orientierungen, Fähigkeiten, die gesellschaftlich erwünscht sind. Beide Seiten zu integrieren ist eine Aufgabe, mit der sich Menschen auseinandersetzen müssen. Das Ausscheiden aus dem

Beruf stellt eine psychologische Zäsur dar und kann dadurch zur Krise werden, dass das Individuum Rollen und Funktionen aufgeben muss und nun vermehrt auf sich selbst gestellt, »auf sich zurückgeworfen« ist. Diese Krise kann in eine psychische Störung münden, sie kann jedoch auch zu einem »Werden des Menschen zu sich selbst« (Rentsch & Birkenstock 2004) führen, wenn die Verwirklichung nicht gelebter Fähigkeiten gelingt (Radebold & Schweizer 1996). Es geht um die Integration der Persona einerseits und des Schattens andererseits. Die hier in Kürze skizzierten Entwicklungsaufgaben sind nicht nur für das Alter charakteristisch, sondern sie stellen sich bereits in der Lebensmitte – und zwar Frauen wie Männern in gleichem Maße. Die Entdeckung und Verwirklichung von Eigenschaften und Fähigkeiten, die bislang nicht ausreichend ausgebildet wurden, geht – wie entwicklungspsychologische Arbeiten zeigen (Heuft 1996; Smith & Joop 2005) – mit einem Zuwachs an Lebensperspektiven und Wohlbefinden einher.

Nun werden diese Entwicklungsaufgaben primär aus der Sicht der einzelnen Person und eben nicht aus der Sicht des Paares betrachtet. *Unsere Annahme lautet jedoch, dass die Ehepartnerin bzw. der Ehepartner großen Anteil daran hat, inwieweit das Individuum bei sich selbst solche Eigenschaften und Fähigkeiten erkennt und sich darum bemüht, diese zu verwirklichen.* Frauen – die sich bislang ganz für die Familie engagiert und auf einen Beruf verzichtet haben – können ihre Intellektualität und ihre sozialkommunikativen Kompetenzen erkennen und zu verwirklichen versuchen. Männer können in der Lebensmitte oder nach Ausscheiden aus dem Beruf ihr künstlerisches Interesse und andere potenzielle Lebensfreuden umzusetzen versuchen. Die entscheidende Frage lautet: Unterstützt der Ehepartner seine Frau, unterstützt die Ehepartnerin ihren Mann dabei, diese Entwicklungspotenziale umzusetzen? Oder aber hindert er sie, hindert sie ihn daran – zum Beispiel aus Furcht davor, die bzw. der Andere könnte Entwicklungsschritte tun, zu denen man selbst nicht bereit ist?

Letzteres ist vor allem der Fall, wenn sich einer der Beiden nach außen hin höchst erfolgreich mit der Persona identifiziert, der andere eher eine »minderwertige« Rolle innehat. Dann ergibt sich die Gefahr – auf die C.G. Jung ausdrücklich hinweist –, dass der erfolgreiche Partner seinen Schatten auf den nicht erfolgreichen Partner projiziert, wobei zu berücksichtigen ist, dass vor allem jene Seiten der Persönlichkeit auf andere projiziert werden, die man bei sich selbst ablehnt. »Ich habe einmal die Bekanntschaft eines verehrungswürdigen Mannes gemacht – man könnte ihn ohne Schwierigkeiten einen Heiligen nennen –, ich ging drei Tage lang um ihn herum und konnte nirgends die Unzulänglichkeit des Sterblichen an ihm entdecken. … Am vierten Tag aber konsultierte mich seine Frau. … Ich lernte daraus, das jemand, der mit seiner Persona eins wird, alles Störende durch seine Frau darstellen lassen kann, ohne dass letztere es merkt, aber sie bezahlt ihre Selbstaufopferung mit einer schweren Neurose« (Jung 1974b, S. 213).

Kommen wir nun zu der Ausgangsfrage zurück: Was bedeuten diese sehr verschiedenartigen Entwicklungen für die Qualität der Ehe im Alter? Die Bereitschaft der beiden Partner, den Anderen aktiv bei der Verwirklichung von Eigenschaften, Orientierungen und Fähigkeiten, die bislang »in Abschattung« waren, zu unterstützen und sich von dessen Entwicklung inspirieren zu lassen, stellt eine positive Qualität der Ehe dar. Umgekehrt ist die fehlende Bereitschaft der beiden Partner – oder auch nur eines Partners – als Grundlage für zunehmende emotionale Distanzierung und wachsende Entfremdung in der Ehe anzusehen. In besonderer Weise kommt dies in Grenzsituationen zum Ausdruck, mit denen das Paar konfrontiert ist. Denn in Grenzsituationen, darauf weist Karl Jaspers in seiner »Philosophie« (1973) hin, sind die schöpferische Kräfte gefordert, um zu einer neuen Lebensperspektive zu gelangen. In Partnerschaften können diese schöpferischen Kräfte nur dann verwirklicht werden, wenn Menschen in wahrhaftiger Kommunikation stehen und sich in der Entwicklung nicht gegenseitig behindern (Riehl-Emde 2002). Die negativen Konsequenzen spüren die Partner vor allem in Grenzsituationen – wie diese zum Beispiel durch Hilfe- oder Pflegebedürftigkeit konstituiert werden (Kruse 2005a).

Die Gestaltung der Partnerschaft bei Hilfe- und Pflegebedarf – biografische Perspektiven

An vier Fallbeispielen soll nun die Gestaltung der Partnerschaft im Kontext der Biografie betrachtet werden. Es wurden Fallbeispiele ausgewählt, die stellvertretend für Formen der Partnerschaftsgestaltung stehen, wie wir sie in wissenschaftlichen Untersuchungen und in Beratungsgesprächen antreffen.

Erstes Beispiel:
Überzeugung, über das Leben der Partnerin »verfügen« zu können

Im Institut für Gerontologie stellt sich ein 81-jähriger Mann mit der Bitte vor, dass seine Frau diagnostiziert werde, um zu klären, ob bei dieser eine demenzielle Erkrankung vorliege. Der Mann wie auch seine 77-jährige Frau wurden zu mehreren Untersuchungen und Beratungen eingeladen. Bei der Frau wiesen alle eingesetzten psychometrischen Verfahren auf eine sehr weit fortgeschrittene Alzheimer-Demenz hin; diese Diagnose wurde durch bildgebende Verfahren (CT) bestätigt. Der Ehemann bat darum, dass das Abschlussgespräch nur mit ihm geführt werde. Wir wiesen darauf hin, dass alle Beratungsgespräche nur in Anwesenheit der Patienten geführt würden. Der Ehemann stimmte schließlich zu. – Im Verlauf des Gesprächs, in dem darauf hingewiesen wurde, dass bei der Ehefrau zwar schwerste kognitive Einbußen bestünden, dass diese aber noch in der Lage sei, auf unterschiedliche Situationen affektiv differenziert zu reagieren, äußerte der Mann: »Nachdem Sie mir geschildert haben, wie es um meine Frau steht, können Sie mich sicherlich besser verstehen, wenn ich Ihnen sage, dass ich zwei Leben vernichten werde. Erst kommt meines dran, dann das meiner Frau.« Während er dies äußerte, weinte die Frau, was uns zu folgender Antwort motivierte: »Ihre Frau mag zwar kognitiv nicht mehr nachvollziehen können, was Sie sprechen, aber Sie kann die Stimmung, in der Sie sich befinden, in Grundzügen erfassen.« In diesem Gespräch thematisierten wir schließlich die neuen Aufgaben, die aus dieser schweren Erkrankung erwachsen können den Sinn in der Bewältigung dieser Aufgaben.

Dieser Mann schickt seither in regelmäßigen Abständen Zeilen folgenden Inhalts an uns: »Grüße von jenem Mann, dessen Leben Sie gerettet haben. Und das Leben seiner Frau.«

In einem diagnostischen Gespräch, an dem nur der Mann teilnahm, waren auch die Biografie und die zentralen Daseinsthemen (siehe zu dieser Form der biografischen Methode, Kruse 2005b) ausführlich angesprochen worden. Bei diesem Interview zeigte sich, dass der Ehemann von den Fähigkeiten, den Interessen und den Bedürfnissen seiner Frau so gut wie nichts wusste. Die Darstellung der psychischen Entwicklung seiner Frau erfolgte in einer auffallend undifferenzierten, distanzierten Art und Weise. Auf die Frage nach den wichtigen Stationen der Partnerschaft beschrieb der Ehemann nur die Stationen seiner beruflichen Entwicklung; seine Frau schien für ihn nicht zu existieren. Der Frage, inwiefern er seine Frau in ihrer persönlichen Entwicklung gefördert habe, begegnete er nur mit den Worten: »Ich habe das Geld verdient und hatte zu Hause auch das Sagen. Die Frau hätte das gar nicht gekonnt.« Dazu stand im Widerspruch, dass die Ehefrau Chemikerin war und promoviert hatte. Er konnte nicht berichten, ob sie den

Wunsch gehabt hatte, den Beruf als Chemikerin aufzunehmen. – Dieses Beispiel macht deutlich, dass die Ehefrau im Erleben des Ehemannes nicht als »eigenständiger Mensch« existiert hatte. Aus diesem Grunde überrascht es nicht, dass der Mann die irrationale Überzeugung vertritt, über das Leben seiner Frau »verfügen« zu können.

Zweites Beispiel:
Versuch, die frühere innegehabte inferiore Position durch »Ausstoßen« des ehemals mächtigen, nun geschwächten Partners auszugleichen

Eine 76-jährige Frau wendet sich an das Institut für Gerontologie mit der Bitte, sie dabei zu unterstützen, eine Klinik für ihren 78-jährigen Mann zu finden, bei dem eine weit fortgeschrittene Herzinsuffizienz bestehe. Es konnte eine Klinik gefunden werden, in der der Ehemann eine medizinisch hochwertige Betreuung erhielt. Nach 14 Tagen kristallisierte sich heraus, dass die Herzinsuffizienz in den kommenden Wochen zum Tode führen würde. Die Ärzte wandten sich an die Frau mit der Empfehlung, den Ehemann für einige Zeit nach Hause zu nehmen, damit dieser die Möglichkeit habe, sich von Verwandten und Freunden zu verabschieden. Die Frau weigerte sich mit den Worten, dass ihr Ehemann »erst einmal wieder auf die Beine kommen soll, bevor ich den zurücknehme«. Die wiederholt getroffene Aussage, wonach es sich um eine lebensbedrohlich Krankheit handle, wurden von der Frau immer wieder mit dem gleichen Kommentar beantwortet. Auch reduzierte sie die Besuche bei ihrem Mann deutlich. Dieser starb fünf Wochen nach Einweisung in die Klinik.

Die Gespräche mit der Ehefrau ergaben zunächst, dass es sich um eine »sehr schöne Ehe gehandelt« habe: »Der Mann war beruflich immer erfolgreich, ich musste und konnte ihm den Rücken freihalten. Ich war für die Kinder da, da konnte er sich nicht drum kümmern.« Auf die Frage, inwieweit sich für sie die wichtigsten Lebenswünsche erfüllt hätten, antwortete sie: »Zuerst kam der Mann, dann kam ich.« Dabei lächelte sie zwar, doch es drängte sich der Eindruck auf, dass dies kein Lächeln im Sinne von Zustimmung, sondern von Resignation war. Bei der Schilderung ihrer Biografie orientierte sich die Frau ausschließlich an den persönlichen und beruflichen Stationen ihres Mannes. Von ihrer eigenen Person, ihrer eigenen Entwicklung sprach sie selten, und wenn, in einer eher undifferenzierten Art und Weise. Während des Interviews fiel die Aussage: »Er war immer stark, hat mich immer beschützt.« Auf diese Aussage fragten wir: »Waren Sie nicht selbst stark genug? Haben Sie nicht sehr viel für Ihre Kinder getan? Und auch für Ihren Mann?« Sie äußerte: »In unserer Familie hat der Mann den Ton angegeben, an ihn hat man sich angelehnt. Was ich wollte, spielte keine große Rolle.« Und sie setzte nach: »Heute ist das anders. Nun scheine ich die Stärkere zu sein, er ist nun auf Hilfe angewiesen. Die gebe ich ihm natürlich. Denn wir führen eine sehr gute Ehe.«

Die Erfahrung, nun die »Stärkere« zu sein, hat bei dieser Frau möglicherweise dazu geführt, die frühere inferiore Position durch die »Ausstoßung« des Mannes auszugleichen. Anders lässt sich die Tatsache nicht deuten, dass die Ehefrau auf wiederholte Vorschläge, den Mann nach Hause zu nehmen, nicht einging. Dabei hätte sie die äußeren Voraussetzungen gehabt, eine gute Pflege sicherzustellen.

Drittes Beispiel: Aufrechterhaltung einer hohen Intimität in der Partnerschaft bei bestehender Pflegebedürftigkeit sowie Akzeptanz der veränderten Selbstständigkeits-Abhängigkeits-Relation

Der Ehemann, 77 Jahre alt, litt unter weit fortgeschrittenen Höreinbußen, die trotz optimaler Hörhilfen zu großen Problemen bei der Kommunikation führten. Darüber hinaus war er auf einem Auge seit früher Kindheit blind, auf dem anderen kurzsichtig. Der Mann litt zudem an mehreren chronischen Erkrankungen, die in ihrer Häufung zu einer deutlichen Reduktion der körperlichen Leistungsfähigkeit führten. Zudem wirkte der Mann auch psychisch erschöpft; die Krankheiten hatten – um hier in der Terminologie von Plügge (1962) zu sprechen – »konsumierenden« Charakter. Der Mann wirkte zwar geschwächt, doch während der Untersuchung und in den nachfolgenden Gesprächen konzentriert, offen und positiv gestimmt. Da seine 80-jährige Frau an den Gesprächen teilnahm, ergab sich die Möglichkeit, die Kommunikation der beiden Partner zu beobachten. Hier fiel auf, dass die Frau sehr konzentriert den Aussagen ihres Mannes folgte, ohne diesen zu unterbrechen. Zugleich bestärkte sie ihn durch freundliche, zugewandte Blicke und streichelte ihm häufiger die Hand. Dies alles geschah in der Absicht, die Nähe zu ihrem Mann zu signalisieren. Weiterhin konnte eine hohe Angewiesenheit des Mannes auf seine Frau beobachtet werden; doch die Frau reagierte in diesen Situationen immer höchst differenziert: Alle Handlungen, die der Mann noch selbstständig ausführen konnte, überließ sie diesem. Sie bot nur Hilfe an, wenn der Mann die entsprechenden Handlungen nicht mehr selbstständig ausführen konnte. – Beide betonten mehrfach, dass sie eine »sehr gute, sehr erfüllte Ehe« führten und dass sie »füreinander da« seien. In dem Gespräch kamen beide auf die Biografie zu sprechen und zeigten dabei die Bereitschaft zur kontinuierlichen Perspektivenübernahme: Der Mann schilderte Stationen der Biografie immer auch aus der Perspektive der Frau, die Frau aus der Perspektive des Mannes. Beide kamen immer wieder auf Gemeinsamkeiten zu sprechen, vor allem auch auf gemeinsame Entscheidungen bezüglich des weiteren Lebensweges. In diesem Kontext ist die abschließende Aussage der Frau wichtig: »Wir haben die meisten Dinge gemeinsam geschafft, Schönes wie Schweres, und der eine hat sich nicht über den anderen erhoben. So wächst man richtig zusammen. Eins und eins ergeben eben nicht zwei sondern elf. Wenn man so lebt, dann ist es nicht schwierig, auch Krankheit gemeinsam zu überstehen.«

Viertes Beispiel:
Das Fortleben des Anderen in der eigenen Person

Eine 74-jährige Frau kommt in das Institut für Gerontologie, da sie Rat in einer Lebensfrage sucht. Sie trägt sich mit dem Gedanken, ihre vor 14 Monaten eingegangene Bindung mit einem 75-jährigen Mann zu lösen. Nur weiß sie nicht, wie sie dies dem Mann vermitteln soll. – Auf die Frage hin, warum sie dazu tendiere, diese Bindung zu lösen, äußert sie, dass sie sich nicht von ihrem vor fünf Jahren verstorbenen Mann lösen könne, mit dem sie eine »äußerlich nicht leichte, innerlich wunderbare Ehe« geführt habe. – Die Frau kam insgesamt zu sechs Gesprächen und umschrieb ihre Erwartungen an die Beratung folgendermaßen: Die Gespräche sollten dazu dienen, herauszufinden, ob die ständige Beschäftigung mit dem verstorbenen Mann Ausdruck einer sehr starken Bindung sei oder ob sich in dieser auch Schwierigkeiten äußerte, sich auf einen anderen Menschen einzustellen.

Die Frau sprach nicht nur spontan über ihre gemeinsame Biografie mit dem Ehemann, sondern konnte diese auch sehr differenziert und emotional bewegt schildern. Sie übernahm vielfach die Perspektive ihres Mannes und schilderte biografische Stationen auch aus dessen Sicht. Auf diese Weise vermittelte sie ein sehr prägnantes, differenziertes Bild ihres Mannes. Auf die Frage, welches die tragenden Momente ihrer Partnerschaft gewesen seien, antwortete sie: »Ich konnte meinem Mann Einblick in die tiefsten Schichten meiner Seele geben, und er hielt es genauso, er ließ mich in sich hineinblicken. Wir kannten uns sehr gut, unsere Stärken, aber auch unsere Schwächen, und über die Schwächen konnten wir lachen.« An anderer Stelle betonte sie: »Wir galten im Freundeskreis immer als ein Paar, das aus zwei freien und doch in schöner Weise aneinander gebundenen Menschen bestand. Wir wurden wegen unserer Ausstrahlung, unseres Zusammenpassens gemocht.« Und am Schluss des Gesprächs betonte sie: »Mein Mann hat mir von der ersten Stunde unseres Zusammenseins seine Philosophie gesagt: ›Menschen kommen auch deswegen zusammen, weil sie sich gegenseitig befruchten. Und das wollen wir immer so halten.‹ Und dies ist auch immer so gewesen. Mein Mann hat mich erst wirklich recht zum Tönen und Schwingen gebracht. Und umgekehrt war es auch so, ich hatte für ihn eine ganz ähnliche Bedeutung.«

Für diese Frau war es selbstverständlich, dass sie ihren Mann trotz eines tödlich verlaufenden Speiseröhrenkarzinoms in den letzten Wochen wieder aus der Klinik zu sich nach Hause nahm, ein anspruchsvolles und effektives medizinisches und pflegerisches Versorgungssystem arrangierte und ganz für ihren Mann da war, der in den letzten Wochen nicht mehr sprechen konnte. Sie erzählte, dass sie sich bisweilen über die medizinischen Ratschläge hinweg gesetzt hätte, wenn es darum gegangen sei, die Wünsche des Mannes zu erfüllen. Sie berichtete von den letzten Wochen ihres Mannes als einer sehr erfüllten Zeit. »Und er lebt immer weiter in mir. Ich kann mich nicht von ihm lösen – ich sage dies ganz frei, ohne Bewertung, vielleicht sogar in positiver Bewertung.«

Sie löste schließlich die Beziehung zu dem Mann, den sie vor 14 Monaten kennen gelernt hatte

Die Freiheit des Anderen achten und »ehren« als Grundlage für seelisches Wachstum in der Partnerschaft

Der höchste Respekt vor der Partnerin bzw. vor dem Partner drückt sich in der Achtung ihrer bzw. seiner Freiheit aus. Ein entscheidendes Merkmal dieses Respekts sind die Bereitschaft und Fähigkeit, sich gegenseitig dabei zu unterstützen, neue Seiten der Persönlichkeit zur Entfaltung zu bringen. Wenn dies beiden Partnern gelingt, dann ist die Entwicklung in der zweiten Lebenshälfte nicht nur Wagnis, sondern vielfach auch Erfüllung. Es ergibt sich dann ein besonderes Potenzial der Selbsterkenntnis wie auch der Erkenntnis der bzw. des Anderen, ist doch der Blick – wie es Jung (1976) ausdrückt – mehr und mehr auf das Innere gerichtet.

Der Respekt vor der Freiheit der Partnerin bzw. des Partners – der Hand in Hand geht mit dem Respekt vor der eigenen Freiheit – wird in anschaulicher Weise von dem baltischen Schriftsteller Werner Bergengruen (1892–1964) ausgedrückt:

Ich bin nicht mein, du bist nicht dein.
Keiner kann sein eigen sein.
Ich bin nicht dein, du bist nicht mein.
Keiner kann des andern sein.
Hast mich nur zu Lehn genommen,
hab zu Lehn dich überkommen.
Also mags geschehn:
Hilf mir, liebstes Lehn,
dass ich alle meine Tage
treulich dich zu Lehen trage
und dich einstmals vor der letzten Schwelle
unversehrt dem Lehnsherrn wiederstelle.

Aus den Fallbeispielen können wir eine weitere Anregung entnehmen, die für die Beratung von Paaren von Bedeutung ist: Nämlich in hohem Maße sensibel zu sein für mögliche Einengungen der bzw. des Anderen durch eigenes Handeln, zudem sensibel zu sein für mögliche – wenn auch zunächst nur geringfügige – Entfremdungen in der Partnerschaft, die zum Teil dadurch bedingt sind, dass die Partner entweder nicht wirklich Anteil nehmen an der psychischen Entwicklung des bzw. der Anderen oder aber diese Entwicklung nicht wirklich verstehen und an die Stelle des offenen Gesprächs die Ablehnung setzen, die nicht selten in eine Beschneidung der Freiheit des bzw. der Anderen münden kann. Zur Veranschaulichung der großen Bedeutung, die diese Sensibilität für das Gelingen der Partnerschaft besitzt, sei einer der Meister der römisch-lateinischen Literatur genannt, nämlich Ovid (43 v. Chr.–17 n. Chr.), der in der»Ars amatoria« schreibt: »Principiis obsta, sero medicina paratur cum mala per longas invaluere moras« (»Widersteh' am Beginn. Zu spät bereitet man die Mittel, wenn das Übel erst stark ist durch langen Verzug«).

Schließlich weisen die Fallbeispiele auf die – über den gesamten Lebenslauf bestehende – Entwicklungsaufgabe hin, nicht nur mitverantwortlich, sondern auch selbstverantwortlich zu handeln und damit Respekt vor der eigenen Freiheit zu wahren. In einer im Jahre 1941 publizierten Schrift des

Psychoanalytikers und Sozialphilosophen Erich Fromm mit dem Titel »Die Furcht vor der Freiheit« (2002) ist zu lesen: »Der Mensch hat – je mehr er aus seinem ursprünglichen Einssein mit seinen Mitmenschen und der Natur heraustritt und ›Individuum‹ wird – keine andere Wahl, als sich entweder mit der Welt in spontaner Liebe und produktiver Arbeit zu vereinen oder aber auf irgendeine Weise dadurch Sicherheit zu finden, dass er Bindungen an die Welt eingeht, die seine Freiheit und die Integrität seines individuellen Selbst zerstören« (S. 23). Dabei schließen Selbstverantwortung und Mitverantwortung sich nicht aus, sondern befruchten sich gegenseitig (Kruse 2005b); dies wird anschaulich ausgedrückt in folgenden, dem Talmud entnommenen Zeilen: »Wenn nicht ich für mich bin, wer ist dann für mich? Wenn ich nur für mich bin, was bin dann? Wenn nicht jetzt – wann sonst?«

Literatur

Barz H (1986) Grundzügen der Psychologie C.G. Jungs. In: Barz H, Kast V, Nager F. (Hg) Heilung und Wandlung: C.G. Jung und die Medizin. Zürich (Artemis), 11–54.

Becker S, Kruse A, Schröder J, Seidl U (2005) Heidelberger Instrument zur Erfassung von Lebensqualität bei demenzkranken Menschen. Zeitschrift für Gerontologie & Geriatrie 38: 108–121.

Bruder J. (1998) Beratung und Unterstützung von pflegenden Angehörigen. In: Kruse A (Hg) Psychosoziale Gerontologie, Bd. 2: Intervention. Göttingen (Hogrefe), 275–295.

Fooken I (1995) Geschlechterdifferenz oder Altersandrogynität? Zur Beziehungsentwicklung in langjährigen Partnerschaften. In: Kruse A, Schmitz-Scherzer R (Hg) Psychologie der Lebensalter. Darmstadt (Steinkopff), 231–239.

Gräßel E (1998) Häusliche Pflege dementiell und nicht dementiell Erkrankter: Gesundheit und Belastung der Pflegenden. Zeitschrift für Gerontologie & Geriatrie 37: 57–62.

Heuft G (1996) Auf dem Weg zu einem empirisch gestützten psychoanalytischen Entwicklungsmodell der zweiten Hälfte des Erwachsenenalters. In: Radebold H (Hg) Altern und Psychoanalyse. Göttingen (Vandenhoeck & Ruprecht), 41–53.

Holz P (2003) Prävention bei pflegenden Angehörigen. Hamburg (Dr. Kova_).

Jaspers K (1973) Philosophie (8. Aufl.). Berlin (Springer).

Jung CG (1974a) Die Funktion des Unbewussten. In: Niehus-Jung M, Hurwitz-Eisner L, Riklin F (Hg) C. G. Jung. Gesammelte Werke, Band 7: Zwei Schriften über Analytische Psychologie. Olten (Walter), 191–206.

Jung CG (1974b) Anima und Animus. In: Niehus-Jung M, Hurwitz-Eisner L, Riklin F (Hg) C. G. Jung. Gesammelte Werke, Band 7: Zwei Schriften über Analytische Psychologie. Olten (Walter), 207–232.

Jung CG (1976) Die Lebenswende. In: Niehus-Jung M, Hurwitz-Eisner L, Riklin F, Jung-Merker L, Rüf E (Hg) C. G. Jung. Gesammelte Werke, Band 8: Die Dynamik des Unbewussten. Olten (Walter), 425–442.

Jung CG (1979) Die praktische Verwendbarkeit der Traumanalyse. In: Niehus-Jung M, Hurwitz-Eisner L, Riklin F (Hg) C. G. Jung. Gesammelte Werke, Band 16: Praxis der Psychotherapie. Olten (Walter), 148–172.

Kruse A (2005a) Selbstständigkeit, Selbstverantwortung, bewusst angenommene Abhängigkeit und Mitverantwortung als Kategorien einer Ethik des Alters. Zeitschrift für Gerontologie & Geriatrie 38: 223–237.

Kruse A (2005b) Biografische Aspekte des Alterns: Lebensgeschichte und Diachronizität. In: Staudinger U, Filipp SH (Hg) Enzyklopädie der Psychologie – Entwicklungspsychologie. Göttingen (Hogrefe), 1–38.

Kruse A (1995) Menschen im Terminal-Stadium und ihre betreuenden Angehörigen als ‚Dyade': Wie erleben sie die Endlichkeit des Lebens, wie setzen sie sich mit dieser auseinander? Zeitschrift für Gerontologie & Geriatrie 28: 264–272.

Kruse A, Schmitt E (1998) Die psychische Situation hilfsbedürftiger älterer Menschen – eine ressourcen-orientierte Sicht. Zeitschrift für Klinische Psychologie 27: 118–124.

Kruse A, Schmitt E (2000) Wir haben uns als Deutsche gefühlt. Lebensrückblick und Lebenssituation (ehemaliger) jüdischer Lagerhäftlinge und Emigranten. Darmstadt (Steinkopff).

Lang F (2004) Soziale Einbindung und Generativität im Alter. In: Kruse A, Martin M (Hg) Enzyklopädie der Gerontologie. Bern (Huber), 362–372.

Martin M, Schmitt E (2000) Partnerschaftliche Interaktion im mittleren und höheren Erwachsenenalter als Prädiktor von Zufriedenheit bei Frauen und Männern in langjährigen Beziehungen. In: Perrig-Chiello P, Höpflinger F (Hg) Jenseits des Zenits: Frauen und Männer in der zweiten Lebenshälfte. Bern (Haupt), 77–98.

Montada L (1996) Machen Gebrechlichkeit und chronische Krankheit produktives Altern unmöglich? In Baltes MM, Montada L (Hg) Produktives Leben im Alter. Frankfurt (Campus), 382–392.

Plügge H (1962) Wohlbefinden und Missempfinden. Beiträge zu einer medizinischen Anthropologie. Tübingen (Mohr).

Radebold H, Schweizer R (1996) Der mühselige Aufbruch. Psychoanalyse im Alter. Frankfurt am Main (Fischer).

Rentsch T, Birkenstock E (2004) Ethische Herausforderungen des Alters. In: Kruse A, Martin M (Hg) Enzyklopädie der Gerontologie. Bern (Huber), 613–626.

Riehl-Emde A (2002) Paar- und Familientherapie mit älteren Menschen. In: Wirsching M, Scheib P (Hg) Paar- und Familientherapie. Heidelberg (Springer), 581–598.

Schmitt M, Re S (2004) Partnerschaft im Alter. In: Kruse A, Martin M (Hg) Enzyklopädie der Gerontologie. Bern (Huber), 373–386.

Smith J, Joop D (2005) Geschlechterdifferenzen im Alter(n). In: Filipp SH, Staudinger UM (Hg) Enzyklopädie der Psychologie – Entwicklungspsychologie des mittleren und höheren Erwachsenenalters. Göttingen (Hogrefe), 502–524.

Vaillant CO, Vaillant GE (1993) Is the u-curve of marital satisfaction an illusion? A 40-year study of marriage. Journal of Marriage and the Family 55: 230–239.

Wilz G, Schumacher J, Machold C, Gunzelmann T, Adler C (1998) Angehörigenberatung bei Demenz – Erfahrungen aus der Leipziger Studie. In: Kruse A (Hg) Psychosoziale Gerontologie, Bd. 2: Intervention. Göttingen (Hogrefe), 232–250.

Korrespondenzadresse:
o. Prof. Dr. Andreas Kruse
Institut für Gerontologie der Universität Heidelberg
Bergheimer Straße 20
69115 Heidelberg
E-Mail: andreas.kruse@urz.uni-heidelberg.de

»Erosion des Vertrauens« bei älteren Paaren – eine neue Zielgruppe in der Praxis von (Ehe-) Beratungsstellen?

Insa Fooken (Siegen)

Zusammenfassung

Forschung über konfliktreiche Partnerschaften im Alter und praktische Erfahrungen mit Beratungsangeboten für ältere Paare in Konflikt- bzw. Trennungssituationen liegen bislang nur sehr vereinzelt vor und bieten derzeit eine noch sehr heterogene Befundlage. Nach einem kurzen Überblick über Interventionsmöglichkeiten und –bedarf bei älteren Menschen in Partnerschaftskonflikten wird der Stand der Forschung zu Trennungsrisiken und Konfliktkonstellationen bei älteren Paaren skizziert. Ergänzt wird diese Darstellung durch einen Ergebnisbericht über zwei kleinere empirische Befragungen von Professionellen in (Ehe-)Beratungsstellen über ihre Erfahrungen mit Beratungen älterer Paare. Das Fazit deutet einen erheblichen Bedarf an systematischer Integration und Vernetzung der bisherigen vergleichsweise unverbundenen Erkenntnisse an.

Stichworte: ältere Paare, Paarkonflikte, Trennungsrisiken, Beratungsangebote

Abstract: »Erosion of trust« among elderly couples – A new target group for marital counselling?

Research about aging couples in conflicts is rather scarce and the little empirical evidence tends to be very heterogeneous so far. This also holds true for knowledge about practical experience with counselling for elderly couples in marital conflicts and anticipated separation. This presentation gives first a short summary of practical work experience as to the possibilities and need of intervention and counselling for elderly individuals with partnership problems. Next, the state of research on divorce risks and couple conflicts for elderly is outlined with reference to theory and empirical evidence. Added is a short report on some results of a pilot-study in which professional counsellors were asked about their experience with counselling elderly couples. The conclusion points to the necessity of a better and more systematic integration of research results with the numerous practical experiences in this field.

Key words: aging couples, couple conflicts, risks of marital separation, counselling

»Die gute Nachricht lautet ...«

Steigende Scheidungszahlen nach langjährigen Ehen deuten an, dass – gemäß einer bereits 1983 von Leopold Rosenmayr propagierten These der »*späten Freiheit des Alters*« – Trennungen mittlerweile auch von älteren Paaren weitaus häufiger als früher als eine Form der Konfliktlösung bei Beziehungsproblemen praktiziert werden. Übersehen wird dabei allerdings oft, dass die mehr oder weniger selbst bestimmten Auf- und Ausbrüche aus langjährigen Beziehungen von »*Frösten der Freiheit*« (Wysocki 1980) begleitet werden können, die einen bislang möglicherweise weitgehend unterschätzten Bedarf an Beratung und psychotherapeutischer Unterstützung signalisieren (Fooken 2006a, Peters 2004, 2006). Aber nicht nur bei Trennungsfolgen, sondern auch im Vorfeld von Trennungen bzw. bei Beziehungskonflikten älterer Paare, die eskalieren und/oder erstarren können, deutet sich ein steigender Bedarf an Beistand an. Dies wird durch den schon seit langem wachsenden Markt an Ratgeberliteratur für diese Zielgruppe unterstrichen. Analysiert man die »Botschaften« dieses populärwissenschaftlichen Genres, dann scheinen die bislang für ältere Menschen verbindlichen Beziehungsnormen und –werte sich mittlerweile in eine ausgesprochen heterogene Beziehungskultur aufzufächern, deren Varianten durchaus parallel nebeneinander existieren (Fooken & Lind 1997). So raten die »*Traditionalisten*« unter den Ratgeberautoren vor allem den Frauen, die männlichen Turbulenzen der beginnenden späten Jahre einfach als Übergangsphänomen auszuhalten, andere Autoren vertreten hingegen einen »*Enrichment-Ansatz*« und machen auf die Bedeutung besonders lustvoller Rituale und Beziehungsakzente aufmerksam, wiederum andere propagieren gemeinsamen »*Freizeitaktivismus*«, der auch viel Raum für eine neue partnerschaftliche Sexualität bereitstellen sollte, während die letzte Gruppe von Ratgebern »Befreiungsaufrufen« gleichkommen, in denen der Aufbruch zu »neuen Ufern«, sprich: neuen Beziehungen, empfohlen wird.

Aber auch jenseits populärwissenschaftlicher Anregungen gibt es mittlerweile eine Reihe seriöser und viel versprechender Erfahrungen, die deutlich machen, dass eine konstruktive Bearbeitung von Beziehungskonflikten bei älteren Paaren gelingen kann und im Grunde zu den Standards klinischer Beratungsangebote gehören sollte (Riehl-Emde 2002, 2005, Vogt 2001, 2004, Willi 1991). Allerdings zeigt sich auch je nachdem, ob ältere Ratsuchende oder ihre BeraterInnen die Effektivität von Beratung und Therapie bewerten, dass es durchaus zu unterschiedlichen Einschätzungen kommen kann (Peters 2006). So wurde in einer eigenen Studie zu Scheidungen nach langjährigen Ehen deutlich, dass gut ein Drittel der insgesamt 125 Befragten professionelle Beratung in Anspruch genommen hatte, diese aber mehrheitlich im nachhinein als unbefriedigend und »nutzlos« bilanzierte (Lind 2001).

Die bislang vorliegenden Befunde empirischer Forschung zum Stellenwert von Paarkonflikten bei älteren Klienten müssen als eher spärlich und ausgesprochen uneinheitlich bezeichnet werden. Dies fängt bereits bei den unterschiedlichen Jahresangaben, die das Alter markieren, an (»Ab wann sind Ratsuchende eigentlich alt?«), dies gilt auch zur zahlenmäßigen Bedeutung der Älteren im Gesamtklientel (»Es werden immer mehr!«) und letztlich vor allem hinsichtlich qualitativer Aspekte wie Beratungsanlässe, Beratungsdauer, Beziehungsgestaltungen, Beratungserfolge etc. Die aktuellste Bestandsaufnahme findet sich bei Peters (2006). Die »gute Nachricht« lautet hier: Auch beim Thema »Paarkonflikte im Alter« bewegen sich Beratungsangebote und Beratungsbedarf tendenziell aufeinander zu. So werden zum einen TherapeutInnen und BeraterInnen selber älter und entwickeln im guten Falle eine höhere »Alterssensibilität«, zum anderen haben sie bereits Erfahrungen mit älteren KlientInnen und sind aufgeschlossener gegenüber dieser Altersgruppe (Zank 2002) und nicht zuletzt bringt natürlich auch die heutige Generation älterer Menschen bezüglich ihrer Beratungs- und Therapiebereitschaft ein anderes Selbstbewusstsein und Selbstverständnis als bisherige Alterskohorten zum Ausdruck.

Die »schlechte Nachricht« liefert Peters (2006) allerdings auch: Angebotsrealität, Bedarf und Inanspruchnahme laufen immer noch eklatant auseinander. Es sind zahlreiche Barrieren bei älteren Paaren, bei BeraterInnen und PsychotherapeutInnen und im Bereich gesellschaftlicher Normen und Vorgaben zu konstatieren. Es gibt viele motivationale Hindernisse und

Wissensdefizite auf Seiten der Ratsuchenden, Kompetenzdefizite bei den Professionellen und strukturelle Defizite bei gesellschaftlichen Institutionen. Obwohl die Forschung eine Fülle von Evidenz für die Entwicklungspotentiale sowohl von älteren Individuen als auch von Paardyaden zusammengetragen hat, scheint dieses Wissen sich offenkundig noch nicht nach dem »Grasswurzelprinzip« zu verbreiten, so dass viel Wissen immer noch unverbunden in den jeweils fachspezifischen Kontexten und »Schulen« nebeneinander stehen bleibt.

Trennungsrisiken in/nach langjährigen Partnerschaften und Konfliktkonstellationen

Lässt man sich beim Thema alter Partnerschaften zunächst kulturhistorisch anregen, so verweisen typische »Bilder alter Partnerschaften« in der Kunstgeschichte auf zwei zugrunde liegende Beziehungsdimensionen: Ähnlichkeit versus Unähnlichkeit und Nähe/Zuwendung versus Distanz/Abgrenzung. Entlang dieser Einteilung können fünf typische Paarkonstellationen identifiziert werden:

- *verschmolzene Paare*, die wie Philemon und Baucis innigste Verbundenheit suggerieren (ohne damit per se pathologisch-symbiotisch zu sein),
- *partnerschaftliche Gefährtenschaften*, die eine Paaridentität zum Ausdruck bringen und dennoch individuelle Autonomie bewahrt haben,
- *Asynchronizität von Alter(n)serscheinungen*, häufig unterstützt bzw. grenzt sich die jüngere bzw. vitalere Frau vom bedürftigeren Mann ab, aber auch in umgekehrter Konstellation,
- *entfremdete, verödete und vereiste Beziehungen*, die in einem »Beziehungsskelett« ohne vital-sichere Bindungsbasis gefangen sind und
- *zerstrittene Beziehungen*, die entweder in einem langjährig praktizierten Streitmuster verhaftet sind oder bei denen die Machtstruktur zugunsten der im Alter zunehmend dominanter werdenden Frau umkippte.

Aber auch theoretisch und/oder empirisch abgeleitete sozialwissenschaftliche Typisierungen alter Paare kommen zu ähnlichen Klassifikationen. So macht beispielsweise Rosenmayr (1994) drei Partnerschaftsmuster bei älteren Paaren aus:

- *Festungspaare*, die nach außen Einheit demonstrieren, nach innen aber einen permanenten Kleinkrieg führen,

- *ambivalente, kompensatorische Beziehungen* bei Paaren, die sich zwischen Ausbruchsphantasien und Veränderungsängsten hin und her bewegen, und
- Paare mit *hoher Intimität bei gleichzeitiger Abgrenzungsfähigkeit*, die damit eine duale Reifung zum Ausdruck bringen.

Bei den hier beschriebenen zerrütteten Beziehungsmustern handelt es sich wahrscheinlich um »Auslaufmodelle«, da sich nur noch eine Minderheit einem grundsätzlichen ehelichen Unauflöslichkeitsgebot verpflichtet fühlt. Andererseits enthalten langjährige Partnerschaften, wie Familien und intime Beziehungssysteme überhaupt, fast immer ein mehr oder weniger großes Ambivalenzpotential. Die Spielräume, sich für Trennung oder langfristige Bindung zu entscheiden, sind größer und selbst bestimmter, aber auch unübersichtlicher geworden.

Betrachtet man die gesellschaftliche Gruppe der heute Älteren unter dem Aspekt ihrer Beziehungsbiografien, gibt es zwei konträre Gruppen, die in ihrer quantitativen Ausprägung historisch vergleichsweise neu sind: Auf der einen Seite findet sich eine wachsende Zahl älterer, zum Teil nach langjährigen oder multiplen Ehen geschiedener Personen mit entsprechendem »Beziehungslasten« und auf der anderen Seite beeindruckt die große Zahl der Menschen in so genannten »Alt-Ehen«, die mit der Entpflichtung aus Familienaufgaben, Kindererziehung und beruflicher Verantwortung zum Teil noch ein Drittel ihrer Partnerschaftszeit vor sich haben. Noch nie hat es eine so große Zahl langjährig verheirateter Menschen in Deutschland gegeben. Etwa sieben Millionen der über 55-jährigen Frauen und über 60-jährigen Männer sind verheiratet, die meisten in erster Ehe, 90 Prozent von diesen bewerten ihre Partnerschaft tendenziell positiv (Kohli & Künemund 2000).

Dennoch dürften beide Gruppen, die Verheirateten und die Geschiedenen, zum wachsenden Kreis der älteren Klientel von Partnerschaftsberatung gehören. Denn langjährige Partnerschaften können gelingen oder misslingen (»Multifinalität«), sie können trotz unterschiedlicher Vorzeichen unter Umständen ähnliche Anliegen haben (»Äquifinalität«). Deshalb ist es sinnvoll, empirische Forschungsarbeiten sowohl zur Vorhersage der Stabilität von langjährigen Partnerschaften als auch von Trennungsrisiken heranzuziehen (Bender & Lösl 2003, Brandtstädter et al. 2003, Karney & Bradbury 1995, Wagner 1997).

In die folgende Zusammenstellung gehen sowohl makro- und mikrosoziologische Perspektiven, psychologische Aspekten und unterschiedliche (austauschtheoretische, handlungstheoretische, bindungstheoretische, behaviorale und krisentheoretische) Theorieansätze ein. Insgesamt können die potentiellen Einflussgrößen auf vier Ebenen betrachtet werden:

1. Als zentrale *voreheliche Einflussgröße* auf das spätere Trennungsrisiko haben sich Partnerschaftsprobleme bzw. die Instabilität der elterlichen Ehe erwiesen. Hinzu kommen Vulnerabilitäten, die im Milieu der Herkunftsfamilien erworben wurden, personale Probleme bezüglich Selbstwert, Identität und Kohärenz sowie sich früh andeutende Beziehungsprobleme, insbesondere dann, wenn die damalige Partnerwahl von ausgeprägten Ambivalenzgefühlen bestimmt war.
2. Zu den *ehelichen Determinanten* von Trennungsrisiken gehören prekäre Haushalts- und Besitzverhältnisse, ungeklärte Formen der Arbeitsteilung, unzureichende Partnerschaftsmodelle und Vorbilder, eigene problematische Partnerschaftserfahrungen, geringe Übereinstimmungen in zentralen Grundüberzeugungen, geringe Komplementarität affektiver und sexueller Bedürfnisse, außereheliche Beziehungen, unerwartete Krisen, aber auch Überforderungen bzw. problematische Bewältigungsstile bei anstehenden normativen Familienentwicklungsaufgaben.
3. Insbesondere die *Qualität der ehelichen Beziehung* gilt als zentraler Einflussfaktor des Trennungsrisikos. Hier erweisen sich ungenügende wechselseitige Anpassungs- und Abstimmungsprozesse als prognostisch äußerst ungünstig. Darüber hinaus gehören problematisches Kommunikations- und Konfliktlösungsverhalten, vor allem das Fehlen einer hinreichenden *verbalen* Kommunikation, Prozesse der Entfremdung und Desillusionierung, eine als unzureichend erlebte Unterstützung eigener Ziele durch den Partner und ausgeprägte Gefühle von Ungerechtigkeit und Unfairness dazu.
4. Schließlich wird die Wahrscheinlichkeit einer Trennung auch von *Opportunitätsstrukturen ehelicher Trennungen* begünstigt. Zu nennen sind hier die Attraktivität alternativer Partner, Lebensformen und sexuelle Orientierungen, der Wegfall von Scheidungsbarrieren wie der Auszug der Kinder, der Tod der alten Eltern, ein günstiges Scheidungsrecht, die Liberalisierung von Beziehungsnormen, eine geringe religiöskonfessionelle Orientierung, kein gemeinsamer Besitz und weitere »Ungebundenheiten«.

Die verschiedenen Interventionsangebote bei Partnerschaftsproblemen setzen in der Regel sehr pragmatisch auf der Ebene der Beziehungsqualität an und erweisen sich zumeist als Kommunikationstrainings bzw. versuchen die Abstimmungs- und Bewältigungsprozesse beim Paar zu optimieren (Gottman & Silver 2002, Bodenmann 2004). Komplizierter wird es, wenn weniger das Konstrukt »*Partnerschaft*«, sondern das Konstrukt »*Liebe*« im Beratungs- bzw. psychotherapeutischen Prozess fokussiert wird, da die Komponenten der »*Liebe*« über lange Beziehungszeiten hinweg unterschiedliche Verlaufsformen aufweisen (Bierhoff & Grau 1999) und oft nur auf dem Hintergrund der Biografien verständlich werden. So steigt die positive Intensität der Leidenschaft zumeist rasch an, um aber auch schnell wieder abzufallen; die manifeste Vertrautheit wächst schnell und sinkt aber auch schnell auf ein eher niedriges Niveau ab (»es ist alles gesagt«), wohingegen die Nachhaltigkeit der latenten Vertrautheit häufig erst nach einer Trennung unerwartet und leidvoll registriert wird; die Bindung schließlich stabilisiert sich in der Regel auf einem hohen Niveau, sinkt sie signifikant ab, kommt es zur Trennung.

In den wenigen Längsschnittsuntersuchungen ist deutlich geworden, dass sich ein Anstieg ehelicher Zufriedenheit im Alter eher selten »von selbst« einstellt, gerade bei älter werdenden Paaren sind beziehungsspezifische Kompetenzen angesagt (Schmitt 2001). So steigt die Zahl »später Scheidungen« nicht zuletzt an, weil die Ansprüche an Beziehungsqualität, an Sexualität, an Selbstverwirklichung etc. sich deutlich verändert haben (Fooken 2002).

Es lassen sich typische *Problemfelder* und *Konfliktkonstellationen* von alten Paaren identifizieren (Fooken 2006b), die zum Teil zentral in der Partnerschaft selbst begründet sind und die Partnerschaftsqualität stark tangieren. Hierzu gehören:

- bestimmte Lebenslagen (intradyadische Ungleichgewichte und Abhängigkeiten insbesondere infolge von chronischen Krankheiten, Pflegebedürftigkeit und demenziellen Prozessen),
- bestimmte Übergänge (insbesondere der Übergang in den Ruhestand, vor allem bei nicht synchron vollzogenen Ruhestandsregelungen),
- kritische Lebensereignisse (z.B. Tod der Eltern),
- familiale Rollenkonflikte (insbesondere zwischen der Partnerrolle und den Rollen als Kind gegenüber den alten Eltern oder als Elternteil gegenüber den erwachsenen Kindern),
- Intimität und Sexualität als zentrale, die Partnerschaftsqualität entscheidend bestimmende Partnerschaftsdimensionen (Fooken 2005),

- erst im Alter begonnene Partnerschaften bzw. Wiederverheiratungen und nicht zuletzt
- generationsspezifische Erfahrungshintergründe (z.B. mögliche Wiederbelebung kindlicher Traumata infolge einer Kriegskindheit, vgl. Radebold 2005).

An den exemplarisch genannten Risikobereichen wird deutlich, dass die Quellen der in alten Partnerschaften stattfindenden Prozesse der »Erosion des Vertrauens« vielfältig determiniert sein können. Beratungs- und Psychotherapieangebote brauchen demnach ein breites Hintergrundwissen, um die paarspezifische Problemsituation einzugrenzen und adäquat erfassen zu können.

Die Sicht der Professionellen – jenseits von Klischees?

In den gerontologischen Fachdisziplinen erstaunt immer wieder die enorme Diskrepanz zwischen seit langem etablierten gerontologischen Fachwissen einerseits und der mangelnden Widerspieglung in den öffentlichen Diskursen bzw. der unzulänglichen Umsetzung in der Praxis andererseits. Im Zuge eines Pilotprojekts zu *»späten Scheidungen«* (Fooken & Lind 1997) ging es auch um die Frage der Dynamik, der Konflikte und der Problemfelder in älteren Partnerschaften. Im Folgenden sollen exemplarische Eindrücke aus Interviews mit sechs LeiterInnen von konfessionellen Ehe-, Familien- und Lebensberatungsstellen sowie Ergebnisse einer schriftlichen Befragung von 41 Beratungsstellen dargestellt werden. Da diese Befragungen Ende der 90er Jahre durchgeführt wurden, sind sie zwar nicht mehr unmittelbar aktuell, spiegeln aber recht gut die wachsende Erkenntnis wieder, dass eine größere Alterssensibilität angezeigt sein dürfte.

Will man den allerersten Eindruck der Interviews mit den sechs LeiterInnen der Eheberatungsstellen (zwei in evangelischer, vier in katholischer Trägerschaft) zusammenfassen, könnte man lapidar sagen: *Sechs ExpertInnen – sechs Meinungen* (Sebeikat 2000). Alle haben langjährige Erfahrungen in der Paarberatung, zumeist mehrere psychotherapeutische Ausbildungen und jede/r scheint eine sehr individuelle Melange aus theoretischem Fachwissen, konkreten Erfahrungen und Fallbespielen, aber auch mehr oder weniger klischeehaften Überzeugungen entwickelt zu haben. Natürlich gibt es bei dieser Art und Weise der Erkenntnisgewinnung auch gemeinsame Trends, insgesamt beeindruckt aber die Heterogenität der subjektiven Wissens- und Erfahrungsbestände.

Auch wenn man darüber einig zu sein scheint, dass der Anteil älterer Paare im Beratungsklientel steigt, erweist es sich schon als schwierig zu bestimmen, ab welchem Alter Paare denn zu den »*Älteren*« gehören. Die einen bestimmen die Altersgrenze bei 45 Jahren und sehen den Anteil dieser Gruppe an der Gesamtklientel zwischen 18–40 Prozent, die anderen differenzieren stärker und sehen den Zuwachs der Nachfragen bis zum 55. Lebensjahr. Einig ist man sich darüber, dass wenig Ratsuchende über 55 Jahre alt sind und einen Anteil von weniger als 10 Prozent ausmachen.

Bezüglich der *Geschlechterverteilung* »weiß« man, dass Frauen offener sind und häufiger Beratung einholen, andererseits »weiß« man aber auch, dass »irgendwie« der Anteil der Männer steigt. Nur eine Expertin liefert hier eine sehr differenzierte Beobachtung, indem sie auf die Veränderung der Geschlechterbeteiligung und des gezeigten Engagements im Verlaufe eines Beratungsprozesses verweist: Demnach ergreifen Frauen zwar öfters die Initiative, resignieren dann aber schnell, während Männer in dem Moment auf lösungsorientiertes Arbeiten gut ansprechbar sind. Bezüglich der *Schichtzugehörigkeit* konzedieren alle Befragten, dass mit der in Beratungsstellen praktizierten »Komm-Struktur« in der Regel nur Angehörige der Mittelschicht erreicht werden. Auch die Angaben über *Anzahl der Kontakte* und Dauer der Beratungsgespräche älterer Paare sind relativ vergleichbar. In der Regel kommt es zu 5–8 Kontakten, die aber eher in größeren Abständen als bei jüngeren Paaren stattfinden.

Die Einschätzung des *Stellenwerts von Paarberatungen* generell und speziell älterer Paare lässt auf ähnliche Erfahrungen bei den ExpertInnen schließen. Paarberatungen machen die Hälfte bis drei Viertel der Beratungskontakte aus, wovon sich 30–40 % auf ältere Paare mit einer Ehedauer von 20 Jahren und mehr beziehen. Oft stellen akute Krisen den Beratungsanlass dar, obwohl es sich in der Regel um langjährig konflikthafte Beziehungen handelt. Nach übereinstimmender Meinung ermöglicht das Beratungssetting den Beteiligten, die verbale Kommunikation überhaupt wieder in Gang zu bringen und den anderen als einen Menschen mit eigenen Sichtweisen und Gefühlen zu erleben. Die Zunahme der Nachfrage älterer Paare wird weniger als ein Zuwachs an Konflikthaftigkeit älterer Paarbeziehungen gedeutet, sondern eher als Ausdruck der höheren Bereitschaft, sich bei privaten

Problemen professionelle Hilfe zu holen. Dies wird auch als eine Konsequenz der Trivialisierung psychologischer Sachverhalte in den Medien gesehen, die es Menschen ermöglicht, den psychogenen Gehalt von Störungen wahrzunehmen.

Ausgeprägte Uneinheitlichkeit besteht hingegen bei der Beurteilung der *Zielvorstellungen* älterer Ratsuchender: Ratsuche sei immer Ausdruck eines Bedürfnisses nach ganzheitlichem Verständnis versus es gehe immer darum, das Problem konkret zu definieren. Die bei den Älteren vermuteten unterschiedlichen Zielvorstellungen hängen augenscheinlich stark mit Werten und Zielen der BeraterInnen zusammen. Die Palette reicht vom zugeschriebenen Bedürfnis nach Stabilisierung der Beziehung, nach gegenseitigem Verständnis, nach dem Finden neuer Zugänge füreinander, nach der Suche einer fairen Trennung, nach Standortbestimmung und Entscheidungsklärung, bis hin zu dem Wunsch, der Berater möge den anderen ändern. Die dabei mitschwingende Frage, ob es den Ratsuchenden vorrangig um die Verhinderung oder Ermöglichung einer Trennung geht, wird sehr divergent gesehen.

Gefragt nach typischen *Problemkonstellationen* finden sich unterschiedliche Antworten. Es wirkt ein wenig so, als ob jede/r BeraterIn einen favorisierten Erklärungsansatz hat, der möglicherweise nicht erfahrungsbasiert ist, sondern eher gängige Klischees widerspiegelt. In der Zusammenschau lassen sich sechs Problembereiche identifizieren:

1. *Sexualität* wird von einigen als nicht (mehr) wichtig, von anderen als bedeutsam, weil nicht mehr gelebt, und von zwei Befragten als wichtig, weil verändert, eingeschätzt.
2. *Außereheliche Beziehungen* spielen in der Wahrnehmung von zwei Befragten eine große Rolle, während die anderen diesen Aspekt im Vergleich mit jüngeren Paaren deutlich geringer einschätzen. Zwei Befragte berichten davon, dass das »klassische Muster« des älteren Mannes mit der jüngeren Geliebten typisch sei, zwei andere gehen davon aus, dass es mittlerweile häufiger die Frauen sind, die sich jüngere Geliebte nehmen.
3. Die Bedeutung *asynchroner Entwicklungsverläufe* wird von fast allen Befragten in irgendeiner Weise angesprochen, wobei diese besonders dann hervortreten, wenn bei nur einem Partner deutlich altersbezogene gesundheitliche und/oder psychischen Beeinträchtigungen auftreten und einseitige Abhängigkeiten entstehen.
4. Der Stellenwert *körperlicher Veränderungen* wird fast nur in Bezug auf den Einfluss der Wechseljahre angesprochen, wobei hier den Ratsuchen-

den ein mittlerweile höheres Wissen über psychosomatische Verursachungen zugesprochen wird.
5. *Suchtkrankheiten* werden nur von einer Expertin als typisches Problemfeld angeführt.
6. Der Einfluss *intergenerationeller Beziehungen* wird von fast allen Befragten in der Problematik der Sandwichposition gesehen. Interessanterweise werden die Belastungen durch alte Eltern kaum erwähnt, wohingegen der Einfluss der Kinder deutlicher ausgesprochen wird. Hier wird ein »Dominoeffekt« über die Generationen hinweg beobachtet, es wird aber auch das Problem »missratener« Kinder samt den gegenseitigen Schuldzuweisungen angesprochen.

Zweitehen bzw. neue Beziehungen im Alter werden sehr gegensätzlich wahrgenommen (»Wiederholung alter Probleme« versus »Neuanfang«). Einer der Experten macht auf die oft unterschätzte Heftigkeit unbewusster Sehnsüchte aufmerksam, andere betonen eher Resignation, Ängstlichkeit, aber auch Einsichtsfähigkeit. Die Methode der *Mediation* wird zwar bei dieser Zielgruppe grundsätzlich eher positiv eingeschätzt, »Mediationsfähigkeit« wird allerdings nur bei 10–12 % der Klientel attestiert.

Bei der Frage nach möglichen *spezifischen Charakteristika in der Klient-Berater-Interaktion* nennen nur drei Befragte das Problem, dass ältere Klienten sie wie ihre Kinder behandeln. *Gegen- und Eigenübertragungsphänomene* werden kaum angesprochen. Hingegen wird mehrfach erwähnt, dass ältere Paare dazu neigen, den/die BeraterIn in die Rolle des Schiedsrichters zu drängen. Gefragt nach *wünschenswerten Kompetenzen* in der Beratung mit älteren Paaren verweisen fast alle auf die Notwendigkeit, vielfältiges Wissen zu haben: Wissen über entwicklungspsychologische Prozesse im mittleren und höheren Erwachsenenalter, Wissen über die zeithistorischen Kontexte der Lebensläufe der Befragten und Wissen über den Einfluss konkreter, altersbezogener Umwelten. Auch die Bereitschaft zur Selbstanalyse hinsichtlich der Bedeutung eigener Herkunftsfamilien und Lebensentscheidungen wird mehrfach angedeutet.

Werden die ExpertInnen aufgefordert, die Beratungsarbeit mit älteren und jüngeren Paaren zu vergleichen, erhält man Hinweise auf zugrunde liegende *Altersbilder*. Hier nehmen fast alle wahr, dass Ältere größere Schwierigkeiten haben, über Emotionen und Bedürfnisse zu sprechen und dass eine größere Tendenz besteht, an bisherigen Verhaltensmustern festzuhalten. Nur eine Befragte äußert, dass sie Ältere als komplizierter, anstrengender und langweiliger erlebt. Zwei sagen explizit, dass die Arbeit mit älteren Paaren »spannend« ist, weil von Beraterseite viel Zuwendung gegeben und besonders Vertrauen geschaffen werden muss. Ein Experte betont die Bedeutung von Geduld und Toleranz und nimmt Ältere als dankbare Klientel wahr. Zwei Befragte konstatieren schließlich, dass Dynamik und Grundkonflikte bei älteren und jüngeren Paaren im Prinzip gleich sind und sich von daher das einzusetzende Methodenrepertoire nicht unterscheidet.

Zeigten sich die interviewten LeiterInnen der Beratungsstellen gegenüber der Thematik aufgeschlossen, so war der Rücklauf der *Fragebögen* (mit offenen und geschlossenen Fragen) an die 867 angeschriebenen Beratungseinrichtungen, die im Beratungsführer der Deutschen Arbeitsgemeinschaft für Jugend- und Ehe-Beratung (DAJEB) für das gesamte Bundesgebiet ausgewiesen waren, ausgesprochen schwach. Insgesamt 85 der Fragebögen kamen zurück (10 %), davon waren aber nur 41 vollständig ausgefüllt und somit »verwertbar«. Laut Auskunft der mündlich befragten LeiterInnen der Beratungsstellen bestehe nur wenig Bereitschaft der KollegInnen, sich auf solche, nicht von den Trägern »angeordnete« Studien einzulassen. Trotz dieser Selektivität finden sich auch hier heterogene Erfahrungen mit und Einschätzungen von älteren KlientInnen und ihren Anliegen.

Die Teams der jeweiligen Beratungsstellen sind multidisziplinär zusammengesetzt. Ihre therapeutische Ausrichtung liegt in der systemischen Arbeit einerseits und bei psychoanalytischen bzw. tiefenpsychologischen Konzepten andererseits. Auch hier gibt es Probleme mit der *Alterszuordnung*. Oft werden die 40–45-jährigen Ratsuchenden bereits den »Älteren« zugeordnet. Setzt man den Schnitt bei 56 Jahren, sinkt ihr Anteil auf maximal 10–15 %. Ca. 5 – 10 *Beratungskontakte* kommen zustande.

Betrachtet man die *Beratungsanlässe* der älteren Ratsuchenden, dann werden an erster Stelle psychische bzw. psychosoziale Probleme und an zweiter Stelle Partnerschafts- und Trennungsprobleme genannt. Darüber hinaus werden auch gesundheitliche und familiäre Probleme sowie Sinnkrisen erwähnt. Fragt man nach den *Ursachen für Konflikte in langjährigen Beziehungen,* dann werden vor allem Beziehungsprobleme genannt, wobei die Veränderungen in der Eltern- und/oder Berufsrolle als wichtige Rahmenbedingungen gelten. Ansonsten wird häufig das Phänomen der emotionalen Entfremdung gesehen. Gesundheitliche Probleme verschärfen oft »kumulativ« eine desolate Gesamtsituation.

Aus den berichteten Fallbeispielen lassen sich drei typische Konfliktmuster identifizieren:

1. *Der Ruhestand eröffnet einen kontraproduktiven Freiraum in Beziehungen, in denen ein lebendiger Austausch fehlt.* Durch den Eintritt in den Ruhestand können alte, langjährig verdeckte bzw. verdrängte Ängste und Konflikte aufbrechen. Resignation breitet sich dann angesichts erlebter Unveränderbarkeit zentraler Rahmenbedingungen (finanzielle Einbußen, gesundheitliche Beeinträchtigungen, Verlust von Vitalität) bei einer verödet erlebten Beziehungskultur aus.
2. *Verlusterfahrungen lösen ein Hinterfragen des Bestehenden aus.* Der Verlust alter Rollenmuster (Eltern, Beruf) führt zu der Frage »Soll das alles gewesen sein?« und der Wegfall bisheriger Kompensationsmöglichkeiten macht die fehlende Konfliktlösefähigkeit und den Mangel an kommunikativen Kompetenzen offenkundig.
3. *Der Ruhestand wird zum Katalysator geschlechtsypischer Konflikte mit unterschiedlichen Lebensansprüchen.* Die ungewohnte raumzeitliche Nähe kann zum Problem werden: Männer möchten sich eher im wörtlichen und übertragenen Sinn zur Ruhe setzen, während Frauen an einem (gemeinsamen oder individuellen) Neuanfang interessiert sind.

Etwa die Hälfte der Befragten geht davon aus, dass *spezifische Beratungskompetenzen* für ältere Ratsuchende angezeigt sind, die andere Hälfte verneint dies. Von den meisten werden deutliche Unterschiede beim Vergleich der Berater-Klient-Beziehung zwischen jüngeren und älteren Paaren konstatiert. Auch der Bedarf nach *Weiterbildung* und *Wissensvermittlung* wird eher dezidiert geäußert.

Fazit

Theoriebildung, empirischer Forschungsstand und professionelles Selbstverständnis in den verschiedenen Beratungsinstitutionen erweisen sich bezüglich älterer Menschen mit Paarkonflikten als wenig aufeinander bezogen und vernetzt. Transfer, Integration und Vermittlung zwischen Grundlagenforschung und Anwendungswissen ist notwendig. In den zumeist multidisziplinär und schulenübergreifend besetzten Beratungsstellen wird das Selbstverständnis weniger von therapeutischen Schulmeinungen geprägt, vielmehr bildet sich dort in gewisser Weise eine jeweils eigene »Beratungskultur« heraus. Hier sollte der Austausch intensiviert und die Konfrontation mit anderen Positionen im Theorie-Praxis-Dialog genutzt werden, um wertvolle Einzelerfahrungen in ein umfassenderes, systematisches Wissen von Paardynamiken im Alter zu transformieren.

Literatur

Bender D, Lösl F (2003) Kohärenzsinn und andere Persönlichkeitsmerkmale als protektive Faktoren der Ehequalität. In: Grau I, Bierhoff HW (Hg) Sozialpsychologie der Partnerschaft. Berlin (Springer), 406–427.

Bierhoff HW, Grau I (1999) Romantische Beziehungen. Bindung, Liebe, Partnerschaft. Bern (Huber).

Bodenmann G (2004) Streß in der Partnerschaft. Gemeinsam den Alltag bewältigen. Bern (Huber).

Brandtstädter J, Felser G, Kaupp P (2003) Entwicklung in Partnerschaften. Risiken und Ressourcen. Bern (Huber).

Fooken I (2002) Wege in die ›Lieblosigkeit‹ – Lebensverlaufsmuster und seelische Gesundheit bei Männern und Frauen im Kontext von Scheidungen oder Trennungen nach langjährigen Ehen. In: Peters M, Kipp J (Hg) Zwischen Abschied und Neubeginn. Entwicklungskrisen im Alter. Gießen (Psychosozial Verlag), 157–172.

Fooken I (2005) Eros und Sexualität. In: Filipp SH, Staudinger UM (Hg) Enzyklopädie der Psychologie. Band C/V/6. Entwicklungspsychologie des mittleren und höheren Erwachsenenalters. Göttingen (Verlag für Psychologie/Hogrefe), 715–738.

Fooken I (2006a) Späte »Fröste der Freiheit« – (Ent-)Scheidungsmuster von Frauen unterschiedlicher Geburtskohorten. In: Endepohls-Ulpe M, Jesse A (Hg) Familie und Beruf – weibliche Lebensperspektiven im Wandel. Frankfurt/M (Peter Lang), 199–214.

Fooken I (2006b) Sexualität und Partnerschaft. In: Oswald WD, Lehr U, Sieber C, Kornhuber J (Hg) Gerontologie. Medizinische, psychologische und sozialwissenschaftliche Grundbegriffe. Stuttgart (Kohlhammer), 328–332.

Fooken I, Lind I (1997) Scheidung nach langjähriger Ehe im mittleren und höheren Erwachsenenalter. Expertise im Auftrag des Bundesministeriums für Familie, Senioren, Frauen und Jugend. Schriftenreihe des BMFSJ, Bd. 113. Stuttgart (Kohlhammer).

Gottman J, Silver N (2002) Die 7 Geheimnisse der glücklichen Ehe. Berlin (Ullstein).

Karney BR, Bradbury TN (1995) The longitudinal course of marital quality and stability: A review of theory, method, and research. Psychological Bulletin 118: 3–34.

Kohli M, Künemund H (2000) Die zweite Lebenshälfte – gesellschaftliche Lage und Partizipation im Spiegel des Alterssurvey. Opladen (Leske & Budrich).

Lind I (2001) Späte Scheidung. Eine bindungstheoretische Analyse. Münster (Waxmann).

Peters M (2004) Klinische Entwicklungspsychologie des Alters. Grundlagen für psychosoziale Beratung und Psychotherapie. Göttingen (Vandenhoeck & Ruprecht).

Peters M (2006) Psychosoziale Beratung und Psychotherapie im Alter. Göttingen (Vandenhoeck & Ruprecht).

Radebold H (2005) Die dunklen Schatten der Vergangenheit. Stuttgart (Klett-Cotta).

Riehl-Emde A (2002) Paartherapie – warum nicht auch für ältere Paare? Familiendynamik 27: 43–73.

Riehl-Emde A (2005) Eheliches Burnout – Wo sind Lust und Liebe geblieben? Psychotherapie im Alter 3: 49–65.

Rosenmayr L (1983) Die späte Freiheit: Das Alter – ein Stück bewußt gelebten Lebens. Berlin (Severin und Siedler).

Rosenmayr L (1994) Sexualität, Partnerschaft und Familie älterer Menschen. In: Baltes PB, Mittelstraß J, Staudinger UM (Hg) Alter und Altern: Ein interdisziplinärer Studientext zur Gerontologie. Berlin/New York (Walter de Gruyter), 461–491.

Schmitt M (2001) Zur Bedeutung intrapersonaler und beziehungsspezifischer Merkmale für die erlebte Ehequalität im mittleren Erwachsenenalter. Frankfurt/M (Lang).

Sebeikat M (2000) Ältere Menschen in Trennungssituationen als Zielgruppe von Beratung – Sichtweisen und Erfahrungen verschiedener Beratungsinstitutionen. Universität Siegen (unveröffentlichte Diplomarbeit Fachbereich 2).

Vogt M (2001) Partnerschaft als Aufgabenfeld psychosozialer Beratung. Freiburg (Lambertus).

Vogt M (2004) Beziehungskrise Ruhestand. Paarberatung für ältere Menschen. Freiburg (Lambertus).

Wagner M (1997) Scheidung in Ost und West. Zum Verhältnis von Ehestabilität und Sozialstruktur seit den 30er Jahren. Frankfurt/New York (Campus).

Willi J (1991) Was hält Paare zusammen? Der Prozess des Zusammenlebens aus psycho-ökologischer Sicht. Reinbek b. Hamburg (Rowohlt).

Wysocki Gv (1980) Fröste der Freiheit. Aufbruchsphantasien. Frankfurt/M (Syndikat).

Zank S (2002) Einstellungen alter Menschen zur Psychotherapie und Prädiktoren der Behandlungsbereitschaft bei Psychotherapeuten. Verhaltenstherapie & Verhaltensmedizin 23: 181–195.

Korrespondenzadresse:
Prof. Dr. Insa Fooken
Universität Siegen, Fachbereich 2, Psychologie
Adolf-Reichwein-Str. 2
57068 Siegen
E-Mail: *Fooken@psychologie.uni-siegen.de*

Spezialambulanz für ältere Paare am Institut für Psychosomatische Kooperationsforschung und Familientherapie

Astrid Riehl-Emde & Manfred Cierpka (Heidelberg)

Zentrum für Psychosoziale Medizin der Universität Heidelberg

Das im Jahre 2004 gegründete Zentrum für Psychosoziale Medizin (ZPM) des Universitätsklinikums und der Medizinischen Fakultät der Universität Heidelberg fasst folgende fünf Einrichtungen zusammen:

- die Klinik für Allgemeine Psychiatrie (Prof. Dr. med. Christoph Mundt)
- die Klinik für Psychosomatische und Allgemeine Klinische Medizin (Prof. Dr. med. Wolfgang Herzog)
- die Klinik für Kinder- und Jugendpsychiatrie (Prof. Dr. med. Franz Resch)
- das Institut für Medizinische Psychologie (Prof. Dr. med. Rolf Verres)
- das Institut für Psychosomatische Kooperationsforschung und Familientherapie (Prof. Dr. med. Manfred Cierpka).

Institut für Psychosomatische Kooperationsforschung und Familientherapie

An diesem Institut ist Deutschlands erste und derzeit einzige Professur für Familientherapie an einem Universitätsklinikum angesiedelt. Nach der Emeritierung Helm Stierlins wurde Manfred Cierpka im Jahre 1997 zu dessen Nachfolger berufen. Als universitäre Einrichtung nimmt das Institut Aufgaben in der Krankenversorgung, in Forschung und Lehre, sowie in Aus- und Weiterbildung wahr. Anfang 2005 wurde die Forschungsstelle für Psychotherapie (FOS, früher in Stuttgart) dem Institut angegliedert. Die FOS untersucht derzeit vor allem qualitätssichernde Maßnahmen für die Psychotherapie und mediale Möglichkeiten der Psychotherapie- und Versorgungsforschung, z.B. die Nutzung von Internet, Email und SMS als innovative Konzepte für die Langzeitbetreuung und Rückfallprophylaxe.

Das übergeordnete Ziel des Instituts besteht darin, Patienten zu funktionsfähigen Beziehungen zu verhelfen. Dies geschieht durch einzel-, paar- und familientherapeutische Interventionen, jeweils unter Einbeziehung des relevanten Bezugssystems der Patienten. Das Institut vertritt eine ganzheitliche, auf Lebensphasen bezogene Ausrichtung mit besonderem Augenmerk auf Übergänge im Lebenszyklus. Unter der Mehrgenerationenperspektive erleben die Familienmitglieder während einer idealtypischen lebenszyklischen Entwicklung drei Phasendurchgänge: die eigene Kindheit und Adoleszenz, die Geburt und Adoleszenz der eigenen Kinder und die der Enkelkinder.

Es ist in der *Familiendiagnostik* üblich, zwischen funktionalen vs. nichtfunktionalen oder klinischen vs. nichtklinischen Familien zu unterscheiden, statt zwischen »gesund vs. krank« bzw. »normal vs. nicht normal«. Die Funktionalität des Familiensystems bemisst sich daran, *wie* die Entwicklung und Reifung des einzelnen ermöglicht wird, ohne die Aufrechterhaltung der Familie zu gefährden (Cierpka 2003). Für die Diagnostik auf der interpersonellen Ebene bieten sich die 7 Kategorien an, die als Dimensionen des Familienmodells (Cierpka & Frevert 1995) beschrieben wurden und die auf dem »Process Model of Family Functioning« (Steinhauer et al. 1984) basieren. Anhand dieser 7 Dimensionen wird die Funktionalität bestimmt:

- Aufgabenerfüllung
- Rollenverhalten
- Kommunikation
- Emotionalität
- affektive Beziehungsaufnahme
- Kontrolle
- Werte und Normen

Als heuristische Leitlinie in der Familiendiagnostik gilt das Drei-Ebenen-Modell (Cierpka 2003) mit den Ebenen des Individuums, der Dyaden bzw. Triaden und des Familiensystems, das wiederum eingebettet ist in den soziokulturellen Kontext. Die relevanten Dimensionen werden für jede Ebene in Hinblick auf Funktionalität bzw. Dysfunktionalität und in Bezug auf ihre Wechselwirkungen beurteilt. Bei der Entstehung oder Aufrechterhaltung von Problemen bzw. Symptomen werden die verschiedenen Faktoren gewichtet. Zum Beispiel kann eine individuelle Pathologie bei der Beurteilung von Dysfunktionalitäten im Vordergrund stehen, während die familiären Dimensionen eher als Stärken imponieren. Die ressourcenorientierte familienmedizinische

Strategie zielt dann auf Unterstützung der Familie, um eine individuelle Pathologie zu relativieren und damit zur Krankheitsbewältigung beizutragen. Oder die dysfunktionale Familiendynamik steht im Vordergrund, und im Rahmen einer Familientherapie entstehen durch Arbeit an der familiären Kommunikation neue Optionen und Entwicklungsmöglichkeiten sowohl für einzelne Familienmitglieder als auch für die ganze Familie (ebd., S.43).

Die Arbeitsschwerpunkte des Instituts bestehen neben einer allgemeinen Ambulanz für Paare und Familien in drei Spezialambulanzen.

Spezialambulanz für Eltern mit Säuglingen und Kleinkindern

Diese Sprechstunde wird in Kooperation mit der Kinderklinik und der Klinik für Kinder- und Jugendpsychiatrie der Universität Heidelberg durchgeführt. Sie richtet sich an Eltern mit Kindern in den ersten drei Lebensjahren, z.B. bei Schlafproblemen, vermehrtem Schreien oder unruhigem Verhalten des Säuglings oder bei Fütter- bzw. Gedeihstörungen. Hinzu kommen Verhaltensauffälligkeiten des Kleinkindes (z.B. starke Ängstlichkeit, vermehrtes Trotzverhalten, Unruhe, Spielunlust), allgemein Probleme in der Eltern-Kind-Beziehung oder auch elterliches Belastungserleben nach der Geburt des Kindes, insbesondere nach Frühgeburt oder Erkrankung des Kindes. Das Beratungs- und Therapie-Angebot besteht vor allem in der Unterstützung der Kommunikation in der Eltern-Kind-Beziehung mit Hilfe videogestützter Verhaltensbeobachtung und – orientiert an funktionalen Kommunikationsabläufen – in der Anleitung zur Modifikation dysfunktionalen Verhaltens (Thiel-Bonney 2002).

Die aktuellen Forschungsinteressen in diesem Schwerpunktbereich richten sich auf Möglichkeiten der Früherkennung und Vermeidung der oben genannten Störungen der Verhaltensregulation des Kindes bzw. der Eltern-Kind-Beziehung. Ein Elternkurs mit dem Titel »Das Baby verstehen« wurde entwickelt (Cierpka 2004), der inzwischen von geschulten Experten, beispielsweise von Hebammen, angeboten wird. Im Mittelpunkt steht das »Lesen« des Babys: Die Kommunikation zwischen dem Baby und seinen Eltern wird anhand von Live-Videoaufnahmen veranschaulicht, und die Eltern üben, Signale des Babys zu erkennen und angemessen darauf zu reagieren. Darüber hinaus werden das persönliche Wohlergehen und die Paarbeziehung der Eltern thematisiert.

Hinzu kommen weitere Projekte mit primärpräventiven Maßnahmen wie zum Beispiel das Programm »Faustlos« zur Gewaltprävention in Kindergärten und Schulen (Cierpka 2002), das der gezielten Förderung sozial-emotionaler Kompetenzen von Kindern und Jugendlichen dient. »Faustlos« stellt eine Adaption der amerikanischen Originalversion »Second Step« (Beland 1988, 1991) an deutsche Verhältnisse dar.

Sowohl dem Schwerpunkt Frühprävention als auch dem familienmedizinischen Anliegen verpflichtet ist ein von der Bundeszentrale für gesundheitliche Aufklärung (BZgA) finanziertes Modellprojekt »Interprofessionelle Qualitätszirkel in der Pränataldiagnostik«. Es zielt darauf ab, die Beratung zur Pränataldiagnostik zu verbessern, insbesondere die Kooperation zwischen den in diesem Bereich tätigen Ärzte/Ärztinnen und psychosozialen Berater/Beraterinnen (Kuhn et al. 2004).

Spezialambulanz für Familienmedizin

Diese Sprechstunde richtet sich an Familien mit chronischer Erkrankung oder Behinderung eines Angehörigen, zumeist des Kindes. Das Angebot besteht in Familienberatung und -therapie, insbesondere geht es um Unterstützung im Umgang mit Krankheitsfolgen, um Hilfe bei der Bewältigung und Aktivierung von Ressourcen. Familien müssen sich immer wieder auf die Erfordernisse der Krankheit einstellen und eine Balance zwischen diesen und den Interessen der einzelnen Angehörigen finden. In der Regel müssen die Rollen und Aufgaben in der Familie neu verteilt werden (Retzlaff et al. 2006).

Spezialambulanz für ältere Paare

Gemäß der Definition »ältere Paare« steht die therapeutische Arbeit mit Paaren im Mittelpunkt, von denen ein Partner mindestens 60 Jahre alt und höchstens ein Partner über 75 Jahre alt ist.

Beratung und therapeutische Unterstützung werden insbesondere angeboten bei Übergang in den Ruhestand und »Pensionierungsschock«, bei Wunsch nach besserer Kommunikation in der Familie, bei Burnout in der Ehe, bei Belastung durch Erinnerung und bei Problemen im Umgang mit

Veränderungen der Sexualität im Alter bzw. mit der Erkrankung eines oder beider Partner (Riehl-Emde 2002a, 2002b).

Das therapeutische Konzept ist bereits dargestellt (Riehl-Emde 2006) und lässt sich mit den Stichworten Lebenszyklus, Entwicklungsorientierung und Kollusion skizzieren. In der Ambulanz wird im klassischen Paarsetting mit einem Paar und einer Paartherapeutin gearbeitet, in einigen Fällen auch in Kotherapie. Etwa die Hälfte der Paare ist einverstanden, dass die Gespräche auf Video aufgezeichnet werden und/oder teilnehmende Beobachter die Gespräche über Videoanlage mitverfolgen. Diese Außenperspektiven dienen in erster Linie der Qualitätskontrolle und kommen dem therapeutischen Prozess zugute. In Kürze kommt ein Gruppenangebot für ältere Paare hinzu; gleichfalls in Planung befindet sich eine Intervention mit präventivem Charakter für Paare im Übergang zum Ruhestand.

Die Erstgesprächsphase einer Paartherapie, die meist aus 2 Gesprächen à 1 1/2 Stunden besteht, dient vor allem der Indikationsstellung und der Herstellung einer therapeutischen Allianz. Im weiteren Verlauf findet mehrheitlich ein Gespräch pro Monat statt mit der Idee, dass in den Gesprächen Anstöße gegeben werden, die Hauptarbeit jedoch beim Paar im häuslichen Kontext liegt. Bisher finden meist zwischen 5 bis 10 Sitzungen statt, die Schwankungsbreite liegt allerdings zwischen 1 bis 40 Sitzungen.

Die soziodemographischen Daten der Klientel sind in Tabelle 1 dargestellt.

Kennzeichnend für diese Paare ist die lange Beziehungsdauer. Immerhin bestand bei 30 % eine Beziehung seit 31 bis 40 Jahren und bei 33 % eine Beziehung seit über 40 Jahren. Die Anmeldung hatten zu 54 % die Frauen, zu 13 % die Männer, zu 23 % Fachpersonen und zu 10 % beide Partner initiiert.

Weitere aktuelle Forschungstätigkeit: Die Interdisziplinären Längsschnittstudie des Erwachsenenalters (ILSE)[1] zum mittleren und höheren Erwachsenenalter ist als sequentielle Längsschnittstudie angelegt, die sich über einen 20-jährigen Untersuchungszeitraum erstrecken soll. Dabei wird unter dem Aspekt gesunden und zufriedenen Alters biografisches Material mit der Messung der augenblicklichen Lebenssituation und der Wahrnehmung individueller Zukunftsperspektiven in Verbindung gebracht (Martin et al. 2000). Untersucht wird eine nach Geschlecht und Kohortenzugehörigkeit (Jahr-

1 Projektleitung: Kruse A, Wahl H-W, Schröder J, Schmitt M, Martin M; Kooperationspartner: Riehl-Emde A u.a.; Förderinstitution (t3): Bundesministerium für Familie, Senioren, Frauen und Jugend (BMFSJ).

gänge 1930/32 und 1950/52) stratifizierte Stichprobe, mehrheitlich aus den Regionen Heidelberg und Leipzig. Zwei Messzeitpunkte haben bereits stattgefunden (t1 in den Jahren 1993/96; t2 in den Jahren 1997/2000). Die Probanden (Pbn) werden derzeit zu einem dritten Messzeitpunkt (t3: 2005/2007) einbestellt, an dem sich unsere Einrichtung erstmals mit einer Fragestellung beteiligt.

Da »seine Ehe nicht ihre Ehe« ist, werden zum aktuellen dritten Messzeitpunkt erstmals die Pbn und ihre Partner bzw. Partnerinnen im Rahmen einer freiwilligen Zusatzbefragung schriftlich zu ihrer Paarbeziehung befragt.

	Mann	**Frau**
Alter		
Mittelwert	65,1	60,3
Spanne	60–77	45–73
Geburtsjahrgänge	1924–1944	1928–1960
	n	**(%)**
Familienstand		
verheiratet	26	(86,7)
davon: in 1. Ehe	22	
in 2./3. Ehe	4	
unverheiratet	4	(13,3)
davon: räumlich getrennt	3	
Ausbildungsstand (höchster Abschluss pro Paar)		
Universität/Fachhochschule	19	(63,3)
Lehre	9	(30,0)
Arbeiter	2	(6,7)
Paartherapie		
einmaliges Gespräch bzw. Krisenintervention	3	(10,0)
Abbruch	1	(3,3)
einseitig vom Paar beendet	7	(23.3)
regulär beendet	12	(40,0)
noch laufend	7	(23,3)
Vorerfahrung mit Psychotherapie		
keiner von beiden	10	(33,3)
beide	11	(36,6)
einer von beiden	9	(30,0)

Tabelle 1: Soziodemographie und Daten zur Paartherapie (n=30 Paare)

Schlussbemerkung

Das verbindende ganzheitliche Konzept des Instituts und die Ausrichtung auf Übergänge im Lebenszyklus mit Blick auf die gesamte Lebensspanne – von der Eltern-Säuglings-Sprechstunde über die Familienmedizin bis hin zur Sprechstunde für ältere Paare – erweisen sich bisher nicht nur für die Patienten, sondern auch für das therapeutische Team als sehr fruchtbar. Durch die regelmäßig stattfindenden klinischen Konferenzen wird allen Mitarbeitern Spezialwissen über alle Phasen vermittelt. Das Wissen über Ältere kann in die Therapie jüngerer Patienten einfließen, insbesondere wenn es um familiäre Wechselwirkungen geht; und auch das ergänzende Wissen über frühere Lebensphasen kann dazu beitragen, die therapeutischen Herausforderungen mit Älteren anzunehmen.

Literatur

Beland K (1988) Second Step. A violence-prevention curriculum. Grades 1–3. Seattle (Committee for Children).

Beland K (1991) Second Step. A violence-prevention curriculum. Preschoolkindergarten. Seattle (Committee for Children).

Cierpka M (2002) Faustlos – Ein Curriculum zur Förderung sozial-emotionaler Kompetenzen und zur Gewaltprävention für den Kindergarten. Heidelberg (Heidelberger Präventionszentrum).

Cierpka M (Hg) (2003) Handbuch der Familiendiagnostik. 2. Aufl., Heidelberg (Springer).

Cierpka M (Hg) (2004) Das Baby verstehen. Bensheim (Karl-Kübel-Verlag).

Cierpka M, Frevert G (1995) Die Familienbögen. Ein Inventar zur Einschätzung von Familienfunktionen. Göttingen (Hogrefe).

Kuhn R, Dewald A, Riehl-Emde A (2004) Interprofessionelle Qualitätszirkel in der Pränataldiagnostik. Ein Modellprojekt. Psychotherapeut 49: 377–380.

Martin P, Ettrich KU, Lehr U, Roether D, Martin M, Fischer-Cyrulies A (Hg) (2000) Aspekte der Entwicklung im mittleren und höheren Lebensalter. Ergebnisse der Interdisziplinären Längsschnittstudie des Erwachsenenalters (ILSE). Darmstadt (Steinkopf).

Retzlaff R, Hornig S, Müller B, Reuner G, Pietz J (2006) Kohärenz und Resilienz in Familien mit geistig und körperlich behinderten Kindern. Prax Kinderpsychol Kinderpsychiat 55: 36–52.

Riehl-Emde A (2002a) Paar- und Familientherapie mit älteren Menschen. In: Wirsching M, Scheib P (Hg) Paar- und Familientherapie. Heidelberg (Springer), 581–597.

Riehl-Emde A (2002b) Paartherapie – warum nicht auch für ältere Paare? Familiendynamik 27: 43–73.

Riehl-Emde A (2005) Eheliches Burn-out – wo sind Lust und Liebe geblieben? Psychotherapie im Alter 2(3): 49–64.

Riehl-Emde A (2006) Paartherapie für ältere Paare. State of the Art. Psychotherapie im Alter 3(4): 9–35.

Steinhauer PD, Santa-Barbara J, Skinner HA (1984) The Process Model of Family Functioning. Can J Psychiatry 29: 77–88.

Thiel-Bonney C (2002) Beratung von Eltern mit Säuglingen und Kleinkindern. Videogestützte Verhaltensbeobachtung und Videomikroanalyse als Interventionsmöglichkeit. Psychotherapeut 4: 381–384.

Korrespondenzadresse:
Priv.-Doz. Dr.phil. Astrid Riehl-Emde
Institut für Psychosomatische Kooperationsforschung und Familientherapie.
Bergheimer Str. 54
69115 Heidelberg
E-Mail: *Astrid_Riehl-Emde@med.uni-heidelberg.de*

Zum Titelbild

Ehri Haas (Kassel)

»Das ideale Paar«

Erst seit wenigen Wochen gibt es eine ambulante Maltherapiegruppe im Gerontopsychiatrischen Zentrum des Klinikums Kassel. Die Gruppe besteht derzeit aus vier Patientinnen, die alle zuvor in der Tagesklinik behandelt worden waren.

Nach einer kurzen Runde, bei der die Teilnehmer erzählen, wie es ihnen geht, schlage ich ein Thema vor, das gestaltet werden soll. Heute rege ich an, dass die Teilnehmer eine Paarbeziehung darstellen sollen. Um die Aufgabe zu erleichtern, sage ich: »Malen Sie ein ideales Paar oder vielleicht auch ein streitendes Paar.« Drei der vier Patienten entscheiden sich dafür, ideale Paare zu zeichnen. Eine Patientin malte zwei Bilder nebeneinander, ein glückliches Paar und ein streitendes Paar, und kennzeichnete die ideale Beziehung mit einer großen Sonne, das streitende Paar mit Gewitterwolken. Diese Symbolisierung wird auch im Titelbild deutlich, das Paar steht zwischen Sonne und dunklen Wolken, ist aber harmonisch miteinander verbunden.

Die 79-jährige Patientin, die das Bild gemalt hat, lebt nach dem Tod ihres Mannes jetzt seit 5 Jahren allein. Sie wurde wegen einer schweren Depression in der Tagesklinik behandelt. Ihr Mann sei an einem »Sekundentod« in einer Arztpraxis verstorben. Sie konnte nur wenig um ihn trauern. Im Nachhinein schildert sie ihre Ehe ähnlich der Beziehung, die auf dem Bild dargestellt ist.

Nach dem Tod ihres Mannes hat die Patientin häufig ihre Kinder und Enkelkinder in anderen Städten besucht. Im letzten Jahr wurde ihre Kraft geringer, sie konnte nicht mehr so oft wegfahren und auch ihren großen Garten nicht mehr ausreichend richten. Möglicherweise auf diese Erfahrung, dass sie zunehmend auf Hilfe angewiesen ist, ist die Auslösung der jetzigen Depression zurückzuführen. Vor vielen Jahren hat die Patientin, nachdem die jüngsten Kinder aus dem Hause gegangen waren, auch schon einmal eine Depression durchgemacht. Das Bild, das sie gestaltet hat, ermöglicht ihr, wie den anderen Gruppenteilnehmern auch, mehr über ihren Mann und über ihre Ehebeziehung zu sprechen.

Andreas Kruse und Mike Martin (2004) Enzyklopädie der Gerontologie. Bern (Huber Verlag) 664 Seiten, 109 Euro.

Meinolf Peters

Das Thema Alter hat Konjunktur, innerhalb weniger Jahre ist jetzt das dritte Handbuch mit beträchtlichem Umfang erschienen. Nach der »*Angewandten Gerontologie in Schlüsselbegriffen*«, herausgegeben von H.-W. Wahl und C. Tesch-Römer und der »*Sozialen Gerontologie. Ein Handbuch für Lehre und Praxis*«, herausgegeben von B. Janssen et al. haben jetzt A. Kruse, einer der bedeutendsten und auch international anerkannten Gerontologen zusammen mit seinem ehemaligen Mitarbeiter M. Martin – inzwischen selbst in Zürich auf einem Lehrstuhl – eine Enzyklopädie der Gerontologie vorgelegt. Um es gleich zu sagen: Das Buch ist eine Fundgrube und bietet einen umfassenden Überblick über Stand und Entwicklung der Gerontologie.

Was aber bietet ein solches Werk dem klinisch arbeitenden Psychotherapeuten, Psychiater oder Berater? Zunächst einmal ist für ihn das Kapitel »*Versorgungssysteme für ältere Menschen*« von Interesse. Wir finden hierin Beiträge zur Psychosomatik und Psychotherapie im Alter (Heuft und Schneider), zu Interventionskonzepten (Schacke und Zank), zur sozialen Arbeit (Karl), zu sozialen Diensten für ältere Menschen (Naegele), zur Prävention und Rehabilitation (Görres und Martin), zur pflegerischen Versorgung alter Menschen (Schaeffer und Wingenfeld) sowie zur Entwicklung der Pflege (Schwerdt), zur Versorgung demenzkranker Menschen (Re und Wilbers) und zu Alternsprozessen bei Menschen mit geistiger Behinderung (Ding-Greiner und Kruse). Gewiss, manches hat man schon anderswo gelesen, doch die Beiträge vermitteln einen Überblick über die Breite der heutigen Versorgungslandschaft. Für jeden, der mit Älteren arbeitet, stellt sich die Notwendigkeit, über die Grenzen der eigenen Profession hinaus zu blicken. Die Häufung von Problemen im Alter, die ja häufig auf einer verhängnisvollen Verkettung unterschiedlicher Bereiche beruht, erfordert die Einbeziehung ergänzender Maßnahmen und Hilfestellungen und oft genug müssen Versorgungsketten geknüpft werden. Die erwähnten Beiträge zeigen die vielfältigen Möglichkeiten auf, die jeder in Betracht ziehen muss, der mit Älteren arbeitet, egal ob in der Psychotherapie, der Beratung oder der Pflege. Allerdings sind die Beiträge sehr grundsätzlich angelegt, d.h. sie vermitteln ein

Verständnis der Konzepte und Ziele, die in dem jeweiligen Versorgungsfeld formuliert wurden. Die Versorgungsrealität bleibt weitgehend außen vor, so dass die Diskrepanz von Anspruch und Wirklichkeit, die die Versorgung Älterer so häufig kennzeichnet, kaum thematisiert wird. Zu bemängeln ist auch, dass ein Beitrag über Gerontopsychiatrie fehlt.

Die Neigung klinischer Tätiger, den Blick auf die alltäglichen Erfordernisse zu verengen, kann durch ein griffbereit liegendes Handbuch entgegen gewirkt werden. Dazu aber bietet sich die vorliegende Enzyklopädie geradezu an. Sie lädt ein zum Stöbern, Blättern und sich in einzelne Kapitel zu vertiefen. Gerontologie ist eine interdisziplinäre Wissenschaft, die für den Praktiker nicht ohne weiteres zu überblicken ist. Das vorliegende Buch bietet ihm die Möglichkeit, über die Grenzen des klinischen Alltags hinaus sich über Zusammenhänge, Verzweigungen und Hintergründe zu informieren. Zwar sind manche Kapitel recht akademisch verfasst und manchmal hätte man sich mehr praxisorientierte Ausführungen gewünscht, dennoch regt die Enzyklopädie dazu an, die imponierende Vielfalt und Breite der Gerontologie in Augenschein zu nehmen. Gerade diese interdisziplinäre Perspektive ist es, die für mich immer wieder auch eine intellektuelle Herausforderung darstellt und einen Teil der Faszination unseres Faches ausmacht. Das Buch sei als Nachschlagewerk und zum Schmökern für zwischendurch jedem zur Anschaffung empfohlen, obwohl er dafür einen stolzen Preis hinlegen muss.

Manfred Wolfersdorf u. Michael Schüler (2005) Depressionen im Alter. Stuttgart (Kohlhammer) 208 Seiten, 38,50 Euro.

Johannes Kipp

In dem facettenreichen Buch werden die Kenntnisse über Depressionen im Alter aus den unterschiedlichen Perspektiven zusammengefasst: Epidemiologie, Diagnostik, Verlauf, Psychotherapie und Psychopharmakotherapie werden ausführlich beschrieben. Außerdem werden die psychotherapeutischen Möglichkeiten in den unterschiedlichen Settings dargestellt. Da in den einzelnen Kapiteln stets der gesamte Umfang des Wissensstandes angesprochen wird, kommt es zu Wiederholungen und es ist nicht immer deutlich, welche Aussagen die Autoren schwerpunktmäßig vermitteln wollen. So bleibt beispielsweise der Widerspruch zwischen Wolfersdorfs eigener Untersuchung, dass körperliche Beschwerden im Alter nicht signifikant zunehmen, und den Ergebnissen anderer Untersuchungen, dass ältere Depressive vermehrt unter somatischen Symptomen leiden, undiskutiert und die Bedeutung des Körpers im Alter wird zwar angesprochen aber hinsichtlich der psychodynamischen Bedeutung nicht weiter reflektiert.

Als Psychoanalytiker freut es einen, dass Freuds Aufsatz über »Trauer und Melancholie« häufig und ausführlich zitiert wird. Leider wird jedoch der entscheidende Gedanke Freuds für die psychodynamische Erklärung der Depressionsentstehung, nämlich die zu Grunde liegende Introjektion (Identifizierung) des verlorenen Objektes nicht benannt wird, vielmehr wird nur die psychoanalytischen Triebtheorie (Oralität) herausgestellt.

Die im Buch vermittelten Kenntnisse sind umfassend, die Sprache des Buches ist differenziert und sorgfältig, manchmal hätte man sich jedoch kürzere Sätze gewünscht. Insgesamt vermittelt das Buch einen lebendigen Überblick über die Thematik der Altersdepression und hier insbesondere über die psychotherapeutische Seite. Deshalb ist das Buch nicht nur Ärzten sondern auch stationär und ambulant arbeitenden Psychotherapeuten und Mitarbeitern in Beratungsstellen zu empfehlen.

November 2006 · ca. 290 Seiten · Broschur
EUR (D) 32,– · SFr 55,–
ISBN 3-89806-554-5 · 978-3-89806-554-2

Welchen Stellenwert hat der Mensch im Gesundheitswesen? Welche Behandlungsleitlinien ergeben sich? Welches Menschenbild liegt zugrunde und welche Bedeutung haben wirtschaftliche Aspekte?

Die Verantwortung der Psychotherapeuten, auf Veränderungen der Menschenbilder im so genannten Reformprozess des Gesundheitssystems hinzuweisen und damit auf mögliche Deformationen aufmerksam zu machen, stand im Mittelpunkt des 3. Hessischen Psychotherapeutentages. Die Beiträge und Diskussionen fragen nach der Notwendigkeit von Leitlinien im psychotherapeutischen Berufsalltag und befassen sich u.a. mit Problemstellungen der Kooperation zwischen Ärzten und Psychotherapeuten, beschäftigen sich mit Fragestellungen der Effektivität von Psychotherapie sowie dem Thema Prävention als gesundheitserzieherische Aufgabe.

Oktober 2006 · ca. 200 Seiten · Broschur
EUR (D) 24,90 · SFr 43,90
ISBN 3-89806-927-3 · 978-3-89806-927-4

Bei den so genannten Umweltkrankheiten (Multiple Chemical Sensitivity u.a.) herrscht bis heute keine Klarheit über Entstehungsmechanismen und sinnvolle Behandlungsstrategien. Die Diskussion hierüber wird häufig durch erstaunlich starke Emotionen der Behandler behindert sowie durch eine kaum verwertbare Datenbasis. Die Stadtlengsfelder Umweltstudie hat deshalb über mehrere Jahre stationär behandelte Patienten nach transparenten Kriterien diagnostiziert, klassifiziert, behandelt und die Behandlungsergebnisse im Vergleich mit einer genau definierten Kontrollgruppe evaluiert.

Dieses Buch enthält nun Aufbau, Durchführung und Ergebnisse der Studie, verbunden mit einigen Kapiteln über weiterführende Überlegungen zu diesen merkwürdigen, zeittypischen Krankheitsbildern.

PSV
Psychosozial-Verlag

Goethestr. 29 · 35390 Gießen · Tel. 0641/9716903 · Fax 77742
bestellung@psychosozial-verlag.de
www.psychosozial-verlag.de

Autorinnen und Autoren

Anette Bruder, geb. 1973, Logopädin und Dipl.-Sozialpädagogin/ Dipl.-Sozialarbeiterin, in Ausbildung zur systemischen Familientherapeutin. Seit 2005 tätig im Institut für Psychosomatische Kooperationsforschung und Familientherapie des Universitätsklinikums Heidelberg. Schwerpunkt der dortigen wissenschaftlichen sowie der klinischen Tätigkeit ist die Beratung und Therapie von (insbesondere älteren) Paaren.

Insa Fooken, geb. 1947, Prof. Dr. phil.; Psychologiestudium an der Universität Bonn; Therapieausbildung in Gesprächspsychotherapie; Promotion über »Frauen im Alter«; Professorin für Psychologie mit dem Schwerpunkt Entwicklungspsychologie an der Universität Siegen. Arbeitsschwerpunkte und Publikationen u. a.: Männliches und weibliches Älterwerden; Eros und Sexualität im Erwachsenenalter; Scheidungen nach langjährigen Ehen; familienstärkende Prävention.

Luitgard Franke, geb. 1959, Dr. phil., Dipl. Sozialgerontologin, Dipl. Sozialarbeiterin; Studium: Soziale Gerontologie Gesamthochschule Kassel, Promotion: Universität Bielefeld, Fakultät für Pädagogik; arbeitet im Gerontopsychiatrischen Zentrum des Alexianer Krankenhauses Münster. Arbeitsschwerpunkte: psychosoziale Beratung für PatientInnen, Angehörige und soziales Umfeld; Beratung für Institutionen der Altenhilfe und des Gesundheitswesens; freiberufliche Lehr- und Fortbildungstätigkeit.

Andreas Kruse, geb. 1955, verheiratet, zwei Kinder, zwei Enkelkinder. Studium der Psychologie, der Philosophie und der Musik an den Universitäten Aachen und Bonn sowie an der Musikhochschule Köln. Promotion 1986, Habilitation 1991, von 1993 bis 1997 Gründungsdirektor und Gründungsprofessor am Institut für Psychologie der Universität Greifswald. Seit 1997 Direktor des Instituts für Gerontologie der Universität Heidelberg.

Astrid Riehl-Emde, geb. 1952, Priv.-Doz. Dr. phil., klinische Psychologin, Paar- und Familientherapeutin. Stellvertretende Leiterin des Instituts für Psychosomatische Kooperationsforschung und Familientherapie am Psychosozialen Zentrum, Universitätsklinikum Heidelberg, Leiterin der dortigen Spezialsprechstunde für ältere Paare; Privat-Dozentin für Klinische Psychologie an der Universität Zürich. Diverse Publikationen u. a. zur Paartherapie und Paarforschung. Letzte Buchpublikation: Liebe im Fokus der Paartherapie (2003).

Zeitschrift Psychotherapie im Alter: Schreibhinweise für Autorinnen und Autoren

Die Zeitschrift richtet sich an alle Berufsgruppen, die mit Älteren psychotherapeutisch arbeiten bzw. diese beraten und durch psychosoziale Interventionen unterstützen. Sie will diese Berufsgruppen in freier Praxis, in Beratungsstellen, in Fachkliniken, Abteilungen und Pflegeeinrichtungen ansprechen. Wesentliches Ziel ist es ein Forum der Psychotherapie und Soziotherapie des Alterns zu schaffen und fachlichen Austausch über die Therapieschulen und über die Berufsgruppen hinweg zu fördern. Ein besonderes Anliegen ist es, durch praxisbezogene Falldarstellungen, Anregungen für die eigene Arbeit zu vermitteln.

Die Beiträge müssen der Zielsetzung entsprechen und die Lesegewohnheiten der Zielgruppe berücksichtigen. Eingesandte Manuskripte werden im üblichen Review-Verfahren vor ihrer Annahme beurteilt. Um die Lesbarkeit für die unterschiedlichen Zielgruppen zu steigern, wird eine redaktionelle Überarbeitung durchgeführt.

Bitte fordern Sie die ausführlichen Schreibhinweise bei der Schriftleitung am besten per E-Mail an.

Anschrift der Schriftleitung:

Dr. Johannes Kipp, Esther Buck
Ludwig Noll Krankenhaus
Klinik für Psychiatrie und Psychotherapie
Klinikum Kassel
Dennhäuser Straße 156
34134 Kassel
Tel.: 0561 / 4804-0
Fax: 0561 / 4804-402
E-Mail: *psychalter@yahoo.de*

www.ingramcontent.com/pod-product-compliance
Ingram Content Group UK Ltd.
Pitfield, Milton Keynes, MK11 3LW, UK
UKHW040027200726
13854UKWH00001B/392

9 783898 065344